最強の
デブリシャス

フォーリンデブはっしー

はじめに

グッドデブニ～ング！　フォーリンデブはっしーです。
このたびは、私の集大成ともいえるグルメ本を手に取っていただき、ありがとうございます！　脂身に余る光栄です。

タイトルにつけた「最強のデブリシャス」とは、なんぞや？　と思われた方もいらっしゃるかと思いますが、デブリシャスとは、私が心の底から美味しかったときにだけ叫ぶ、決めゼリフです。デブが大満足するほどのデリシャス（美味しさ）、という意味！

私は３６５日すべて外食で、年間１０００軒を食べ歩いていますが、今回はそんな中でも特に「デブリシャス」だった、最強70軒を厳選。それぞれのジャンルごとに、四天王（またはツートップか一強）を自分なりに選ばせてもらったので、どこも間違いない超名店です！

高いお金を出せば、基本的に美味しいもので太れてしまうこの時代。
単にエセグルメ自慢をしたいわけではなく、皆さんにとって、
使い勝手の良い、そして人生の思い出に残りそうなお店を選びました。
美味しいごはんを通じて、少しでも笑顔になってもらえたら、
という願いとカロリーを込めて、本書をお届けします。

安くて、美味しくて、予約が取れて、しっかり太れる（笑）、
という4要素を考慮しながら、時代にマッチしたインスタ映えや、
コスパの良さも意識して、美味しいお店だけを選び抜きました。
価格帯が高いお店も、内容を考えたらコスパは良いはずです。

ちなみに今回、本を2冊同時リリースしまして、
本書とともに、『肉とSNS 最幸のテクニック』（CCCメディアハウス）
という本も、あえて同じタイミングに発売させていただきました。
そちらでは、焼肉・食べ歩き・SNSなどのマル秘テクニックを、
私の人生ヒストリーも織り交ぜながら初公開しましたので、
本書と併せてご覧いただけると、より楽しめるかと思います！

それでは、めくるめく「最強のデブリシャス」がスタートです♡

見るだけでお腹が鳴る！

壮観 写真INDEX

P90

P88

P86

P82

P80

P78

P76

P108

P106

P102

P100

P98

P96

P92

P119

P118

P117

P116

P112

P110

P137

P136

P132

P130

P128

P126

P144

P143

P142

P141

P140

P149

P148

P147

P146

P145

CONTENTS

最強のステーキ

最強のハンバーグ

最強のハンバーガー

最強のとんかつ

最強の丼

CONTENTS

最強の串

最強の鍋

最強の居酒屋

最強の中華

最強の餃子

最強のラーメン

最強の肉対談

最強のイタリアン

最強のピッツァ

CONTENTS

一強店 最強の

本書の使い方

掲載したデータなどは基本的に2019年2月現在のものです。

本書に記載されたメニューは内容や価格、営業時間などが変更になっている場合があります。

価格は基本的に消費税別ですが、店舗が内税で表記している場合は消費税8%を含んだ「税込」で記載しています。

店舗によっては、日によってコースの内容が異なる場合があります。

また、混雑時には対応できないメニューもあるので、確実に食べたい一品がある場合は予約時に各店舗に確認してください。

料理写真の一部はブログやインスタグラムからの転載のため、量や盛り付けが変わっている場合もあります。

記載した休日以外にも年末年始や夏季などに休業する店もありますので、ご注意ください。

四天王

Grilled meat

最強の焼肉

全ジャンルで一番好きなのが、焼肉です。語りたいことは山ほどありますが、肉質・カット・焼き方・タレ、これらの要素がすべて組み合わさり、研ぎ澄まされたとき、最高の焼肉になります。焼肉界では、言わずと知れた『ジャンボ』『よろにく』『ゆうじ』などの有名店が君臨していますが、今回は予約が取れない人気店より、これからの新しい焼肉界を担うであろう「次世代の四天王」、そして「肉の部位ごとの一強店」を厳選させてもらいました。なんであのお店が入ってないの？　という意見もあるかもしれませんが、あえての決断を見届けてください！

部位ごとの一強店舗も！

すべてがパーフェクトな マイベストオブ進化系焼肉

―焼肉 四天王―

焼肉かねこ 代官山

進化する美味しさに感動必至！　店主の金子さんは浜松町にある焼肉界の名門『焼肉くにもと』出身で、肉質・カット・焼き方・タレなど、すべてがパーフェクトなんです。

　大きな特徴は『焼肉くにもと』でもおなじみの、木箱に入ったおまかせの「肉盛り」。鳥取・田村牧場の田村牛をはじめ、日本有数のスター牧場の最上肉が集結し、赤身と霜降りが交互に折り重なった「紅白肉合戦」が楽しめます。

　肉盛りの部位は6種。仕入れで変わるものの、自慢のサーロインとヒレは必ず入り、各部位に適したカットが施されます。肉は切り方によってそのポテンシャルが最大化され、しかもメニュー表に「今日だけは口を大きく開けて」と書かれている通り、他店より大きめなので、口いっぱいにほおばる、焼肉ならではの楽しさが全開！　超高温の炭火も、肉を焼き慣れている人であれば最高の舞台。火を入れれば脂がしたたり落ちて舞い上がる煙によって、燻《いぶ》し焼きできます。さらに、肉のうまみを引き立てる、ダシ感のあるタレも感動！　もみダレとつけダレのバランスも良く、くにもとのタレを引き継ぎながらも、さらに自分たちの肉に合うよう昇華させています。もはやこの焼肉に死角なし！

　他の焼肉店とも群れず、独自の焼肉道を謙虚に貫く姿にも、共感と感銘を受けます。孤高の超名店が切り開く、焼肉の新たな未来が楽しみで仕方ありません。

ヒレ（日替わりのため時価）
ハート形のヒレ肉は
まさにハートフル&ミートフル♡

サーロイン（日替わりのため時価）
サーロインのあふれる肉汁は白米の
日本昔話盛りでオールキャッチ！

DATA

焼肉かねこ
東京都渋谷区猿楽町17-17-1F
☎03-6415-4129　半個室あり
㈼18:00～24:00
（ただし、肉がなくなり次第終了）
㈷日曜・月曜不定休

肉盛り 7200円

焼肉の原点がここに！マイベストオブ大衆焼肉

焼肉 四天王

大幸園 小宮本店（だいこうえん）

八王子市

大衆焼肉の最高峰と言えるのが、八王子市にある『大幸園』。立川から車で20分ほどの立地で、最寄りは八高線の小宮駅です。店主のご兄弟が営業している立川店もあり、そちらも良いのですが、小宮本店は別格なので、都心から離れてるけど、ぜひ遠征してほしいです！もうここが気に入りすぎて、クリスマスにも行ったし、その3日後にも行ってしまったほど。アットホームな雰囲気も心地良く、ここを第2の実家だと思っています。温かみのある店主と、人懐っこい女将さん。そして笑顔の店員さんたちが肉の味わいをよりいっそう引き立ててくれるんです。

必ず注文すべきは、厚さ2㎝ほどある極厚カットの特選タン。そして、塊焼きで提供してくれる特選ヒレ。タンはザクッとした歯切れの良さがバツグンで、ヒレは歯がいらないほどのやわらかさ。どちらも焼肉店で提供するものではトップクラスのクオリティーです。また、ミノは今までにない驚きの食感。歯を入れた瞬間に、パツンと弾けて繊維がほどけ、マイベストオブミノと断言できる美味しさ！

これらの上質すぎる正肉とホルモンの数々を、圧倒的な良心価格で提供してくれるのも魅力的。都心で食べたら倍しそうなメニューもあり、場所も、味も、コスパも、接客も、とにかく感動の連続です。

このような古き良き大衆焼肉も次世代に続いてほしい、文化遺産ですね。お母さん、長生きしてね！

特選タン

タンはトングで挟んでまとめ焼き。そのまま返すハッピーターンを発動！

ロース

赤身を楽しむロースは上よりも並で。卵黄にディップすると、なお良し！

DATA

大幸園 小宮本店

東京都八王子市小宮町863-3

☎042-642-1129　個室なし（貸切は可）

㊢月～土 17:30 ～ 23:00（L.O.22:30）

日・祝 17:00 ～ 22:30（L.O.22:00）

㊡水曜（祝日の場合は営業、翌日休み）

（手前から）
特選タン 3800円、
ロース 1150円、
特選ヒレ 3800円

うまみのヘビーローテーション！肉汁ダレで実現した究極ホルモン

焼肉 四天王

ホルモン千葉 渋谷

こちらも愛してやまない、ホルモン界の異端児です。同店は京都発祥で、2016年に初の支店として渋谷店がオープンしました。カウンター席で、店員さんがすべて焼いてくれますが、特筆すべきは、斜めに置かれた鉄板の焼き台。ホルモンを鉄板の上部分で焼くと、タレや肉汁が下に流れ出て、下にある細モヤシを通過し、最後に一番下の穴から流れ落ちます。そこに受け皿があり、皿にたまった肉汁ダレに、さらにホルモンを浸けながら焼くという、反則技が発動するんです！　まさにこれは、うまみのヘビーローテーション。落としたはずの脂がまたよみがえる背徳感がたまりません。

そしてホルモンを食べ終えたあとは、感動のフィナーレ。なぜなら、育てあげた肉汁ダレを使い、極上の麺を食べるんです。焼きそばかうどんで選べますが、個人的にはうどんがオススメ。太麺が濃厚なタレでコーティングされ、そこに生卵と九条ネギがオン。山椒をふりかけて食べれば、タレホルモンのうまみとコクに、華やかな香りも加わり、まさにデブリシャス！

タレはニンニクが香る塩と、醤油ベースの黒ダレの2種。単品でオーダーした場合は味付けを選べますが、コスパ優先ならコースを。こちらは9種の部位を両方のタレで楽しめ、さらにシメの麺がついて2800円という破格です。胃袋に優しいかどうかはおいといて、財布に優しい、デブの味方です！

タレホルモンは、もちろん白米が必須。
ビールと合わせちゃうのも良し！

うどん玉 450円（単品）
これを食べるためにホルモンがある。
育てあげた肉汁ダレの卒業式です！

DATA

ホルモン千葉 東京渋谷店
東京都渋谷区宇田川町37番12号
眞砂ビルB1F No2号室
☎03-3485-3257　個室なし
営17:00～24:00（L.O.23:00）
休木曜

千葉のコース 黒ダレ 2800円

時代にマッチした赤身専門店 常連になりたいエンタメ焼肉

焼肉 四天王

赤身にくがとう　田町

2014年に人形町で創業し、今では田町のほか名古屋と青森にも展開。そして2018年秋には六本木ヒルズに新店をオープンした躍進ぶり。その理由は、今の時代性にマッチした赤身肉専門店であり、コスパも素晴らしいから（しかも人形町と田町は炭火焼き）。

名物は「和牛赤身ロック」。角切りの和牛ランプ肉を、店員さんがバター醤油ダレに漬けながら焼いてくれる逸品です。しっとりしてやわらかい、赤身肉ならではの力強いうまみを、タレの芳醇な香りが包み込みます。さらに赤身を中心とした焼肉メニューが豊富で、それだけでも満足できますが、まだ隠された魅力があるんです。何度か通って店長と名刺交換すると個室が使えるようになり、個室限定のスペシャルコースを注文できるようになります。それはもう、めくるめく心が躍る肉ワールド。ウニごはんの和牛ロールや、ネギたっぷりの和牛しゃぶしゃぶなど、肉のエンターテインメントな世界が堪能できます。もうこのために通って常連になりたいほど！

ちなみに、肉ちゃんとも呼ばれている店主・三浦剛さんは、山形でホルスタインを肉牛として育てています。日本では乳牛のイメージが強いこの品種を、肉が美味しくなるように飼育することで、オンリーワンの赤身を実現しています。これからも、時代性を捉えながら、オンリーワン＆カロリーワンの肉を追求してもらいたいものです。

ウニごはんの和牛ロール
個室限定コースでは、これが前菜に。
肉とウニの相性は、言わずもがな！
※常連になってからお店と要相談

じゃばらステーキサンド
900円
田町限定の肉×フォアグラのサンド。
お客のミーハー心が分かってる！

DATA
赤身にくがとう33895　田町・三田店
東京都港区芝5-12-7 カゾール三田1F
☎03-6435-2983　個室あり
㊐月～金 17:00～24:00（L.O.23:00）
土曜 17:00～23:00（L.O.22:00）
㊡日曜（祝日営業）

和牛赤身ロック 1650円

サーロイン（コース内）
1万7000円～（＋サービス税）

卓越したカットの極上サーロインは引き際の美学！

炭火焼肉なかはら 市ヶ谷

焼肉業界を代表する名店のひとつ。本当は穴場店を中心に紹介しようと思っていましたが、こちらは別格です。特に薄切り大判型にカットしたサーロインは、前身である『七厘』時代から確立した、今では代名詞ともいえる匠《たくみ》の技です。

霜降りのサーロインが持つ芳醇な脂の美味しさを、最大限に活かすには？ という発想から生み出されたこのカット。まず大判型に切り出すことで、表面積が広いからこそ肉汁がイッキに開放します。それでいて薄切りだからこそ、脂の重たさを感じさせずに、サッと消えていく。これぞまさに「引き際の美学」ともいえ、和牛ならではの脂を楽しむ、霜降りサーロインの特徴を見事にとらえたカットです。

その他、限定の「幻のタン」をはじめ、素晴らしいラインナップを誇る同店。現在はコースのみでエクスペンデブな価格帯ではありますが、当日予約限定の「ショートコース（焼肉7種＋冷麺など）」であれば9000円からトライできます。名門の扉と胃袋は、ぜひここから開けてみるのもいかがでしょうか！

認定 サーロインの最強店！

DATA

炭火焼肉なかはら
東京都千代田区六番町4-3
GEMS市ヶ谷 9F
☎03-6261-2987　個室あり
㊒月～金　一部 18:00～
／二部 20:30～
土日祝　一部 17:00～
／二部 19:30～
㊡水曜

山椒×タレによるザブトン大判焼きで白米ノンストップ！

鳶牛 肉衛門　浅草

（とびうし にくえもん）

浅草の路地裏に隠れた、お宝のような大衆焼肉。松阪や神戸といった名産地から、田村牛など人気スター牧場まで、仕入れの際に味と価格がベストな黒毛和牛を入手し、破格で提供してくれています。

オススメは「本日の大判焼き」。主にザブトンを大判カットし、自家製ダレに山椒を合わせるのもポイントです。というのも、店主は20年以上和食で腕を磨いた職人。独自の感性を活かし、新しい味付けを施しています。ウナギのタレに山椒が合うように、焼肉のタレにも合わないわけがないですよね。ザブトンの肉汁がタレと融合し、付け合わせの生卵とともに、山椒の香りがふくよかに全体を包み込んでくれるわけです。

併せて必食なのは、注文してから炊きあげる土鍋ごはん。この時ばかりはザブトンも下克上です。敷かれるのではなく、敷いてやるんだと！　そしてシメはA5ランクの切り落とし肉がたっぷり入っているにもかかわらず600円という、驚異のカレーを。路地裏の名店とは、まさにココのことです！

DATA

鳶牛 肉衛門

東京都台東区浅草2-4-8

☎03-5246-4233　個室なし

㊔月～金 17:00～23:00（L.O.22:00）

土日祝 17:00～22:00（L.O.21:00）

㊡不定休

認定 ザブトンの最強店！

本日の大判焼き 1980円

ロースで祝う最高のXmasその理由は…

焼肉の名門 天壇 赤坂
(てんだん)

京都に本店があり、東京では銀座と赤坂に店舗を構えています。名物は「ミルフィーユロース」。超薄切りにしたロースを3枚重ね、ミルフィーユのように食べますが、肉はもちろん、タレが個性的なんです。牛骨エキスがベースの、ダシのような黄金色のタレが素晴らしく、酸味も効いているのでサッパリとしていて、女性ウケも良し。重層的な肉の間に、キレのあるタレがしみ込み、肉汁と調和して何枚でもいける美味しさです。

これはランチでも注文できるのが嬉しく、しかもお昼には前菜のバイキングが付いてくるのもポイント。牛タンを甘辛く煮込んだ「タンチム」がお気に入りで、何度もおかわりしたくなります。

ちなみに同店のロースを楽しむなら、クリスマスに行くのがオススメ。というのも、ミルフィーユのほか、天壇ロースや特上ロースといったメニューもあり、3種類のロースから選べる、〝3択ロース(=サンタクロース)〟が楽しめます!

ぜひそれも話のネタにしながら、ステキなメリー肉リスマスを♡

DATA

焼肉の名門 天壇
赤坂店
東京都港区赤坂4丁目
3-6 A-FLAG赤坂2F
☎03-5575-5129　個室あり
㊔ランチ　11:30～15:00
(L.O.14:30)
ディナー 17:30～23:30
(L.O.23:00)
㊡なし

ミルフィーユロース
ランチ 1900円(税込)

熟成骨付きスネ肉100g
2500円（オーダーは300g～）

熟成肉の名手がたどり着いた、スネ焼肉の新境地

門崎熟成肉 格之進《かくのしん》Rt

代々木八幡

格之進は、熟成肉がブームになる10年以上前から熟成を研究し、赤身→熟成→塊肉というトレンドを作ってきた名門。岩手に本店があり、都内でも複数店舗を展開していますが、ここで紹介するのは、代々木八幡にある『格之進Ｒｔ』。こちらではまるでビストロのような空間で、シャルキュトリー（肉惣菜）などをつまみながらワインも楽しめるオシャレ焼肉です。

熟成肉の塊焼きが名物ですが、その日によって選べる肉の部位は、スネ肉があれば必ずオーダーを！

牛の全体重を支えるスネは肉質がしっかりしていて、超赤身なゆえに肉本来の味わいが濃いのです。ただ、そのぶん硬いので、煮込み料理に使われることが主流でしたが、熟成肉を追求してきた格之進だからこそ、熟成技術によってスネをやわらかくし、塊ごと焼くことで中をレアに仕上げることに成功しました。

噛みしめると、重厚な赤身のうまみが感じられ、噛めば噛むほど美味しくなっていきます。ここに来たら、親じゃなく、牛のスネをかじっちゃいましょう！

DATA

門崎熟成肉 格之進Rt

東京都渋谷区富ヶ谷1-9-20
エスペランサ代々木M1F
☎03-6804-9629　個室あり
㈼月～金　17:00～24:00
(L.O.23:00)
土日祝　11:30～14:00
(L.O.13:30)／
17:00～24:00 (L.O.23:00)
㈷不定休

認定
スネ肉の最強店！

厚切りタン1枚 1800円

超極厚の牛タン！それもイイけどそれだけじゃない

焼肉しみず 不動前

目黒の不動前にある『焼肉しみず』は、肉マニアたちが足繁く通うお店。一番のお目当てが、要予約の「和牛限定厚切りタン」です。上質な黒毛和牛のタン元だけを贅沢に使うため、必ず入荷できるかどうかは分からないという代物ですが、タン好きなら狙いたい一級品！

まず驚かされるのが3㎝以上はあろうかという極厚さ。焼き上げると、ぷっくらとパンパンに膨れ上がって、さらに堂々たる貫禄に。これだけ厚みがあるにもかかわらず、食感はザクっと心地良く、その切れ目から、タンならではの繊細な肉汁がぶわっとあふれ出します。

そんなタンだけが注目されがちですが、実は他の正肉やホルモンの仕入れ力もスゴいんです。兵庫県の川岸牧場などのスター牧場の肉も扱い、その分価格は張るけど肉質はばっちり。ホルモンもミノに青唐辛子を混ぜ合わせるなど、テクニックが随所に光っています。つまり、牛タンをはじめとして、トータルで楽しめるお店。たとえタンに出合えなかったとしても、落ち込まずに爆食してください！

DATA

焼肉しみず
東京都品川区西五反田
4-29-13 TYビル2Ｆ
☎03-3492-2774　個室なし
㊒火～土　17:00～24:00
(L.O.23:00)
日・祝　17:00～23:00
(L.O.22:00)
㊡月曜

認定 牛タンの最強店！

厚切りハラミ
1750円（数量限定）

良質のハラミなら ホルモン専門店！ もちろん厚切りで

神泉ホルモン 三百屋 神泉

「肉を食べ歩いている人ほど好きな部位」とも言われているのがハラミです。それは肉々しさとジューシー感を兼ね備えているから。横隔膜なので、肉業界的にはホルモンに属し、正肉とホルモンでは流通が違うため、良質のハラミを求めるならホルモン専門店のほうが仕入れ力が発揮されます。

渋谷と中目黒にある『三百屋』も、軸足はホルモン店で、こちらの自慢の逸品が「厚切りハラミ」です。注文すると、贅沢すぎる分厚さで登場。それを炭火で香ばしくこんがりと、中はレアめに焼き上げましょう。いざ口に放り込んでみると、ぷりんぷりんに踊りだす弾力にびっくり。噛むごとにハラミの繊維が優しくほぐれ、その間から高貴な肉汁がぶわっとほとばしります。そんな極上のハラミを刺身でも食べられるのも嬉しいところです。

なお、1階はアラカルトで好きなものを選ぶスタイルですが、2階は500円コースのみの焼肉割烹。どちらでも絶品ハラミは食べられるので、用途に応じて太り分けてみるのも良いでしょう！

DATA
神泉ホルモン 三百屋
東京都渋谷区神泉町12-4
☎03-3477-1129　個室なし
㊋月～金　18:00～翌3:00
(L.O.翌2:00)
土日　17:00～翌3:00
(L.O.翌2:00)
祝日　17:00～24:00
㊡不定休

認定
ハラミの最強店！

サガリ
（内ハラミ・タレ）
2200円

ホルモンを極めた独自の仕入れ力！アガるサガリ

認定
サガリの最強店！

三宿トラジ 祐天寺

亀田興毅さんとの対談（P.121〜）でも使わせてもらった『三宿トラジ』は、本当は四天王のページで紹介したかった名店です。同名のチェーン店とは関係のない個人店。これまでの焼肉シーンをけん引してきた存在なので、次世代というより、現代にハラミ&サガリを広めた生き字引です。

とにかく素晴らしいのは仕入れ力。息が長いということは、肉業界が落ち込んでいた時期も経験しているということ。その当時から、卸業者との取引を変えず、一緒に苦難を乗り越えてきたことで、特に良いホルモンが優先的に卸される関係に至ったわけです。

ハラミはもちろんのこと、肉々しくワイルドなサガリも真骨頂。噛みしめるほどに特有の濃いうまみがあふれ、体中に肉力がみなぎります。こんなに気持ちのアガるサガリは他に知りません。また、透き通った少し辛めのタレも秀逸。肉の味を引き立てて全体を底上げする、研究し尽くされた美味しさです。店主にその日のオススメを聞けば本音で教えてくれますよ！

DATA

三宿トラジ
東京都目黒区祐天寺2-14-7
AIビルB1F
☎03-3713-0010　個室あり
㊖火〜土　18:00〜24:00
　日・祝　18:00〜22:00
㊡月曜・第2、3火曜

ごちゃまぜ焼き　在市パターンレギュラー 4000円

秘伝のタレで数種のホルモンをごちゃまぜ焼き!

在市 月島

もんじゃ焼きの街として知られる月島ですが、昨今は焼肉の激戦区にもなっています。その中で異彩を放つのが『在市 月島本店』。

浜松町にも支店があるホルモン焼肉店で、名物の「ごちゃまぜ焼き」が非常に革新的なんです。これは、さまざまな部位を濃厚な味噌ダレと合わせたメニュー。中央が膨らんだ、ジンギスカンのような鉄板でガサッと豪快に焼き、最後に九条ネギをドサッとのせるんです。小腸から溶け出す甘い脂、ミノのザクザクとした食感など、数種類のホルモンが組み合わさり、濃厚な味噌ダレが全体をコーティング。そこにネギのシャキシャキとした清涼感が加わり、完成された料理へと昇華します。

肉汁×タレの重厚な味わいは、まさに白米を食べるために生み出されたと言っても過言ではありません! もちろんビールをはじめとしたお酒ともナイス相性で、牛すじ煮や焼きそばなどもツマミになっちゃいます。気軽なホルモンだからこそ、仲間とワイワイしながら太り合うのも楽しいですね!

認定 ホルモンの最強店!

DATA

在市 月島本店

東京都中央区月島2-14-8
AMビル1F・2F
☎03-6228-2738　個室なし
㊖月～土　17:00～翌1:00
(L.O.24:00)
日・祝　17:00～24:00
(L.O.23:00)
㊡なし

生粋な牛トロ
雲丹いくら丼
2200円（ランチ）

生肉好きに朗報！新店だからこその合法生肉パラダイス

焼肉ZENIBA（ぜにば）

渋谷

大井町と五反田にある焼肉店『銭場《ぜにば》精肉店』が、２０１８年に出店した新星が『焼肉ＺＥＮＩＢＡ』です。こちらのイチオシは、なんと言っても、合法生肉！

ユッケなど、牛肉の生食においては保健所の許可が必要で、生肉専用の調理台を作らなくてはいけないなどハードルがありますが、新店だからこそ、あらかじめ想定した厨房を作ることで、老舗には出すことができない生肉メニューの提供が可能になっています。

なかでも同店は多彩なラインナップで、ウニ×肉＝うにく、肉×イクラ＝にくら、などを生肉で楽しむことができます。そして必食なのが、そのふたつが合わさった「生粋《なまいき》な牛トロ雲丹いくら丼」です。フタを開けた瞬間にこちらの目も輝きそうな、フォトジェ肉な美しさで、イクラの塩気とウニの濃厚感が、なめらかにトロけるサーロインの生肉と絶妙にマリアージュ。ゆったりと落ち着ける完全個室もあるので、生肉のように艶やかな夜を、気さくな美人店長と楽しみ尽くしましょう♡

DATA

焼肉ZENIBA
東京都渋谷区神宮前6-19-17
GEMS神宮前10F
☎050-5269-7201　個室あり
㊝ランチ　11:30～15:00
ディナー　17:00～23:00
(L.O.22:30)
㊡不定休

認定
合法生肉の最強店！

薫るユッケ 1180円

炭火を活用した「おとしダレ」で煙のイリュージョン！

焼肉ウルフ 鍛冶町

池袋と神田にある『焼肉ウルフ』は、肉質・カット・コスパも良いのですが、特筆すべきは同店がオリジナルで生み出した「おとしダレ」という技です。

　これは、炭火で肉を焼き、最後にタレを垂直に落とすように流しかけるもの。こうすることで、肉をつたって炭火に直撃したタレが、煙となって舞い上がり、それらがすべてダクトにイッキに吸い込まれます。煙に包まれた肉が燻し焼きされるというわけです。

　真っ白な煙で肉が包みこまれるさまは、まさに煙のイリュージョン。前菜で必食の薫るユッケも、この技によって美味しさが飛躍します。生肉を軽く炙ったうえで、おとしダレを発動させると、スモーキーな香りが肉を覆い尽くし、瞬間燻製に！

　名物のウルフカットハラミバー（ハラミの一本焼き）でもこの技が使われ、食欲は増すばかり。神田店主の若大将は、腕に牛の絵柄をマジックで描いて、部位を説明してくれます。ぜひ肉のレクチャー（略して肉チャー）も受けてみましょう！

DATA

焼肉ウルフ 東京神田店

東京都千代田区鍛冶町
1-4-6 東京神田ビル1F
☎03-3527-1400　個室なし
㊔17:00～翌1:00
(L.O.24:00)
㊡限りなく無休に近い
不定休

認定
炙り生肉の最強店！

宝石箱（ローストビーフ＆ウニ重）3200円

ニューヨーク式エンタメ焼肉は肉丼も良し！

beef by KOH 広尾
（ビーフ バイ コー）

2017年にオープンした新しめのお店ですが、店主は変わった経歴の持ち主。なんとニューヨークにある、現地ミシュランガイドの常連『Yakiniku Takashi』で副料理長を務めた経験を活かし、NYスタイルの個性的なお店を営業しています。特徴としては、単に焼肉だけではないサイドメニューも含めて充実しているところで、どれもエンタメ感があり、たとえるなら焼肉バルのような位置付けかもしれません。

だからと言って、もちろん焼肉も手を抜きません。A5ランクの和牛の雌牛にこだわり、ステーキでは定番のシャリアピンソースを焼肉と合わせたり、独自の感性が光っているんです。

そしてシメで必食なのが、ローストビーフ&ウニの「元祖★宝石箱」。クリミの部位を使用し、赤身肉のうまみに加え、しっとりシルキーな食感も演出。北海道産バフンウニが、まるで濃厚なソースとなって肉と絡み合います。流行りの組み合わせではありますが、確かなる本気がここにあります！

DATA

beef by KOH
東京都渋谷区広尾5-3-12
田口ビル2F
☎03-6277-0980　個室なし
㊫ランチ（日曜のみ）
11:30～14:30
ディナー
17:00～23:30（L.O.22:45）
㊡不定休

香ばしい炭火の焼肉定食がなんと980円

安いは正義

ホルモンまさる　芝

ここまで数々の焼肉名店を紹介してきましたが、中にはエクスペンデブなお店もありました。

ですが『ホルモンまさる』は、とにかくコスパがバツグンです！1000円以下のランチで、極上の焼肉定食が食べられます。

味付けはタレと塩を選べますが、オススメは断然タレ。注文すると、薄切りの大判肉が大皿にビッシリ。そこにタレが絡み、魅惑的な輝きに。しかも嬉しいことに、ひとりで行った場合でもちゃんと専用の焼き台を用意してもらえ、昼から炭火焼肉を楽しめちゃうんです。芳醇な脂と肉汁、そこに加わるタレの甘味と炭焼きの香り。ごはんがススまないワケがありませんが、なんとおかわりは自由。そして、生卵を付けられるのもポイントです。途中から卵にくぐらせて味変しつつ、最後は肉汁がしみたタレをぶっかけてTKGに！

もし余裕があれば、開店時刻に入店して、限定の「牛鍋定食」を。同じ980円で、信じられない量の肉鍋と出合えます。このまさるに勝る、肉ランチはないでしょう！

限定　ランチ焼肉の最強店！

DATA

ホルモンまさる
東京都港区芝5-21-14
☎03-6435-1990　個室なし
㋮11:30～23:30（L.O.23:00）
　※ランチは13:00まで
㊡日曜（月曜が祝日の場合、日曜営業、月曜定休）

焼肉定食 980円

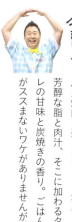

焼肉こぼれ話

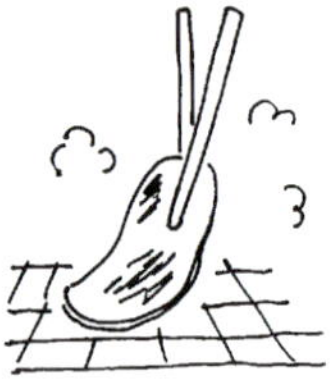

今回は次世代の焼肉名店を中心にピックアップしたので、取り上げませんでしたが、もし「殿堂入り」を挙げるなら『焼肉くにもと』をプッシュします。マイベストオブ進化系焼肉である『焼肉かねこ』（P12）を輩出し、その兄弟子の店である福岡＆熊本の『焼肉すどう』という超一流店も生み出した、恐るべし「くにもとイズム」です！　そのように名店の系譜も重要だったりしますが、駒沢大学と麻布十番にある『Cossott'e《コソット》』などを立ち上げた肉名人の込山シェフが、満を持して2019年１月にオープンさせた西麻布『誇味山』も、折り紙つき。素晴らしき肉質とカットに加え、ごはんがススむタレを追求しているので、これはオンザライサーには朗報ですね！　西麻布といえば、全席個室の『西麻布けんしろう』も、尾崎牛にこだわった隠れ家として、お忍びでは良さげ。焼肉はワーッと楽しむもんでしょ、という人には、渋谷『焚火家』の名物・肉のヒマラヤ焼きをぜひ。その名の通り、赤身肉の山がそびえ立ち、まさにフォトジェ肉なビジュアル！　学芸大学の『听屋焼肉《ぽんどや》』では「肉どらやき」という、まさかの肉スイーツも楽しめたり、まだまだ焼肉業界は、美味しく楽しく進化を遂げそうです♡

四天王

Steak

最強のステーキ

ＮＹ式に、イタリアのビステッカ、そして炉窯焼きと、スタイルの違いだけを見ても、ステーキはバラエティー豊か。たとえば海外では霜降りではなく赤身肉が主流なので熟成の技術が進歩し、部位間の肉質の差が小さいため、サーロインとヒレを同時に焼くＴボーンが人気です。いっぽうで、和牛は部位ごとに肉質の差が大きく、焼く際も分けられます。このように、ステーキはただ一枚肉を焼くだけの料理ではありません。肉質を見極めたカット法や焼き方があり、お店の個性がはっきりと出ます。単純なようで奥深い、それがステーキの世界でもあります。

名門仕込みの炉窯焼きを洗練されたフルコースで！

ステーキ 四天王

Steak Dining Vitis

（ステーキ ダイニング ヴィティス）

中目黒

日本が誇るべきステーキ文化が「炉窯焼き」です。肉を串に刺して、常に炭火の状態を見ながら炉窯の中で焼き上げるのですが、これがまぁ難しい。美味しい炉窯焼きを提供するには、相当な熟練の技が必要なところ、こちらは心配無用。なぜなら、超名店『麤皮《あらがわ》』『哥利歐《ごりお》』で修業を積んだ店主・結城シェフが君臨しているから！

厳選した黒毛和牛を、紀州備長炭を使い、高温の炉窯で表面をパリッと香ばしく、中はほんのりワインレッドに焼きあげたステーキは絶品です。まさかの和牛自身も、こんなにも美味しく焼き上がるなんて想像していなかったことでしょう。

牛肉は部位を選ぶことが可能。肉本来のうまみが感じられる赤身のモモ、上質な脂を堪能できる霜降りのサーロインなど、いろいろな部位を食べ比べるのも楽しいですね。事前予約をすれば、黒毛和牛のタンも、塊肉のまま炉窯焼きにして味わえます。

また、老舗のステーキハウスは、全体的に内装や料理がクラシカルなのに対して、こちらはフレンチの要素を採り入れているのも特徴。スタイリッシュな空間で、本格的なステーキだけでなく、華やかな前菜やカレーなどをフルコースで楽しめます。「炉窯焼き」のお店はエクスペンデブな高級系が主流ですが、それらと比べるとコスパの良さも嬉しいところ。日本のステーキ界の次世代を担う、スターになりそうな予感がします！

黒タン炉窯焼き 4000円

厚切り黒毛和牛タンも塊焼き！
心地良い弾力と凝縮したうまみが絶品。

特製カレー（コース内）
1万2000円～

野菜の甘味が引き立つカレーには、
嬉しいことに牛カツもオン！

DATA

Steak Dining Vitis

東京都目黒区上目黒3-1-13
ACE中目黒ビル B1F
☎03-5708-5015　個室あり
㊢ランチ　12:00～14:30（L.O.13:30）
　ディナー　17:00～23:00（L.O.21:30）
㊡不定休

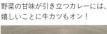

厳選黒毛和牛 炉窯焼きステーキ
（コース内）1万2000円～

ステーキ 四天王

カルネヤサノマンズ

西麻布

肉業界の2大スターがコラボ これがホンモノの熟成肉！

肉料理を得意とする牛込神楽坂のイタリアン『カルネヤ』と、独自の熟成肉を追求する静岡の名門『さの萬』。一流同士がおたがいをリスペクトし合い、空前絶後の肉コラボによって生まれたお店が、両店の名前を合わせた『カルネヤサノマンズ』です。

　看板メニューは、自慢の熟成肉を使ったステーキ。霜降り肉よりも赤身肉のほうが熟成に向くとも言われますが、こちらではあえて赤身の強いホルスタインを中心に使用。それが熟成肉の達人によるドライエイジングで、驚きの美味しさに変化します。

　サーロインを骨付きで提供するLボーンステーキは、熟成香が凝縮する骨周りが、特に官能的です。噛めば噛むほど、ナッツを思わせる香りと、ふくよかな肉の味わいが口中に広がります。

　調理におけるポイントは、〝美味しさの三層構造〟。カリッとしたクリスピー層、しっかり火の通った外側の層、やわらかいレアの層。卓越した高山シェフの火入れ技術で絶妙なコントラストを生み出します。お皿に添えられた、まろやかな岩塩が肉を引き立てます。

　イタリアン『カルネヤ』と同じく、味わい深い熟成肉ステーキを取り巻く華麗なる〝肉前菜〟も美味。さらにひき肉を使ったメンチカツや肉パスタもオススメです。最初から最後まで、ハートフル・ミートフルに、総合力の高いトータルな美味しさが楽しめます！

黒毛和牛のカツレツ（左下）
200g 5600円
ステーキ以外にも、ウィスキーソテーやカツレツもデプリシャス！

熟成牛のハンバーグステーキ
2500円
熟成肉を使ったハンバーグは力強い肉の味わいが全開！

DATA

カルネヤサノマンズ
東京都港区西麻布3-17-25 KHK西麻布ビル
☎03-6447-4829　個室あり
㊔火～金　11:30～15:00（L.O.14:00）
月～金　18:00～23:00（L.O.21:30）
土曜　11:30～15:00（L.O.14:00）
／17:30～22:30（L.O.21:30）
㊡日曜
※ディナータイムはサービス料10%

熟成肉のLボーンステーキ
2人前 1万1800円

ステーキ 四天王

FOOD／DAYS

新橋

（フード デイズ）

ザ・赤身肉のステーキ サイドメニューもステキ

アメリカの牛肉は和牛よりも赤身感が楽しめるサッパリとした味わい。そんなアメリカンビーフの中でもアンガスリブアイステーキ1本で勝負しているため、他店よりリーズナブルな価格で食べられるお店が、こちら。低価格の秘密は、お店をプロデュースした料理研究家の行正《ゆきまさ》り香さんが、特別なルートで高品質な牛肉を仕入れているから。本格的なリブステーキを、思う存分に食べられます。

　グラム数を選べるリブアイステーキ（400g～700g）は、グランドキャニオンのようにそびえる塊肉を拝めます。お肉は45日間熟成したアンガス牛を、さらにお店で15～20日ほど寝かせたもの。味付けはマルドンシーソルト＆マダガスカル産のワイルドブラックペッパー。中をミディアムレアに仕上げたステーキは、しっとりやわらかく、肉々しい赤身と甘い脂身の生み出す肉汁が、デブリシャス！　勢いあまって、知人と来店した翌週に、ひとりでも再び突撃。600gの塊肉をひとりでたいらげちゃいました。脂が重くないので、ペロッとイケます！

　ちなみに、かなり照明を落とした店内は、新橋らしからぬムーディーで落ち着いた雰囲気。前菜もさることながら、生パスタのメニューが素晴らしく、特にオススメはトマトソースのレモンパスタ。心とお腹をくすぐるメニューばかりなので、厳選されたワインとともにオトナの夜を楽しみましょう。

リブアイステーキ

分厚いお肉は、ほんのりレアピンクな火入れ。赤身でサッパリしていながらも、肉々しい！

トマトソースのレモンパスタ 1500円

クリームの濃厚感の中に、レモンの爽やかさが共存♡

DATA

FOOD／DAYS

東京都港区新橋4-10-7 吉田ビル2F

☎03-3436-9677

㊫月～金　18:00～23:30（L.O.22:30）

　土曜　17:30～22:30（L.O.21:30）

㊡日曜・祝日・第3土曜

リブアイステーキ 600g 6900円

ステーキ 四天王

ステーキてっぺい×六本木Buff

六本木

ニンニク香る濃密ソース！ 白米必須のサイコロステーキ

ステーキは高級なお店が多いですが、格安に仕上げたいなら、六本木や池袋など都内に複数店舗を展開する『ステーキてっぺい』へ。こちらは肉はもちろん、ごはんがススみまくるお店なので、肉好きも、オンザライサーも歓喜です！

看板メニューの「てっぺいステーキ」は、150gからサイズを選べます。サイコロ状にカットしたステーキ肉はハンギングテンダー（サガリ）を使用。ハラミと同じ横隔膜の部位なので、肉の力強さと、適度なジューシー感が楽しめます。

ここで注目したいのは、ニンニクをガツンときかせたパワフルなソース。大根おろし、ニンニク醤油、ゴマなどをトッピングできますが、ぜひ「バター醤油」をチョイスしてください。バターのコク、醤油のうまみ、そこにガーリックの風味。とにかくごはんがススみまくります。定食としての完成度（サラダ、ごはんとのバランス）にこだわっているので、まさにオンザライスが必須。さらに、ステーキを食べたあとも、お皿にはご褒美が残っています。それは、肉のうまみがしみ出た〝天使の肉汁ソース〟。これでまた、ライスが何杯でも食べられるんです。

ちなみに、サラダのドレッシングにもニンニクがたっぷり。オイニー（ニオイ）は気になるものの、ここではそんなことを気にしちゃいけません。ステーキとソースのパワフルな口撃(攻撃)を、白米の盾で受け止めてください！

ステーキをオンザライス

トッピングはバター醤油
力強いソースは白米と相性バツグン。バター醤油で風味とコクが倍増！

肉汁＋ソースをライスにぶっかけ。日本昔話盛りでもゴーアウェイ！

天使の肉汁ソースもオンザライス

白米ノンストップ!!

DATA

ステーキてっぺい×六本木Buff
東京都港区六本木2-3-7 セントラルクリブ3 1F
☎050-2018-1073　個室なし
㊖ランチ　11:30～14:30（平日のみ）
　ディナー　月～土・祝18:00～23:30
㊡日曜

てっぺいステーキ 350g 4190円

ステーキこぼれ話

かたや、肉質や焼き方を極限まで追求した高級店。かたや、安い輸入牛をいかに美味しく提供できるかを追求した大衆店。黒毛和牛やブラックアンガスビーフといった品種の特性を見極め、熟成肉などの肉質アップの手法や、鉄板orオーブンor炉窯焼きなどの調理法まで、あらゆる要素が絡み合うステーキは、簡単なようでいて複雑な料理。老舗が主流のジャンルではありますが、新店も注目です。2018年にオープンした西麻布『FORNO』は、名店『TACUBO』出身のシェフが焼きあげる鳥取和牛のステーキが素晴らしく、薪焼きした絶妙な火入れにうっとりします。それでいて、相対的にリーズナデブルなのも嬉しいところ。もっとカジュアルに楽しみたければ、池尻大橋にある『SANKYU』は穴場です。BARなんですが、BARの中では最も肉料理が美味しいお店かと思います。それもそのはず、店主の実家が宮崎県でチャンピオン牛も輩出したことがあるほどの、名門畜産農家。だからこそ、特別なルートで一級品の宮崎牛を格安に仕入れているんです。朝方まで営業しているので、2軒目に肉チャージしたいときなどにも、もってこい！　ステキなステーキライフをライスとともに、ぜひ楽しんでみてください。

四天王

Hamburger steak

最強のハンバーグ

2018年に「100日ハンバーグ生活」という、
100日間連続で外食ハンバーグを食べ続ける生活を
達成してしまったくらい、ハンバーグが大好き！
そのときの研究によって、ハンバーグは
大きく4つに分類できることが分かりました。

①王道のデミグラスなど、ソースにこだわる洋食系。
②超高温の鉄板とフタを使い、ふっくらと焼きあげる鉄板焼き系。
③和牛100％など肉質重視の焼肉・ステーキ系。
④どれにも当てはまらない、創作的なおもしろ系。

ハンバーグとひとくくりにしても、それぞれのジャンルならではの
テク肉（ニック）が活かされているんですね！

―ハンバーグ四天王―

牛舎（ぎゅうしゃ）　秋葉原

ハンバーグ専門店の実力！ 肉質ド直球のパワフル系

『牛舎』は、この近くに勤める畜産関係の方から、イチオシとして教えてもらったお店。つまり、肉質にはそれだけ定評があります。こちらで味わえるのは、粗挽きの和牛と、細挽きの国産牛を使った、牛肉100％のハンバーグ。注文を受けてから、ひとつひとつ手でこねて焼き上げるこだわりようです。ハンバーグ専門店だからこそ、その時の肉の状態を見極め、完成度を高めているんです。

ぜひ挑戦したいのは「黒い3連バーグ」。ガンダムをネタにした、秋葉原エリアっぽいお茶目なネーミングとは裏腹に、スリーサイズは、上から200g、300g、500g。計1kgという容赦なしのボリュームです！　インパクトはスゴいですが、お肉屋さん厳選の良質なお肉だからしつこくなく、肉の味わいが全面に押し出されています。焼き加減は選べますが、中がほんのり赤い、ミディアムレアがオススメ。ナイフを入れるとまるでビームサーベルのように何の抵抗もなく切れます。表皮を突き破ると、内側はトロトロ、ふわふわ。まずはそのまま、お肉本来の味を楽しみつつ、ビリリッと刺激的なペッパーソースを選べば、ごはんもススみまくりです。

ディナー限定の「とろ～りチーズの焼きカレーハンバーグ」も絶品。ハンバーグ×チーズ×カレーと、こちらも非の打ちどころなしの「茶色い3連星」。思わず自分の3段腹も喜んじゃいます！

ハンバーグ 500g
（ペッパー＆3種チーズ）
2700円（税込）
500gのハンバーグもボリューミー。
ソースは2種類を選べます。

とろ～りチーズの
焼きカレーハンバーグ
1600円（税込）
アツアツの鉄板ハンバーグの上で、
チーズカレーソースが踊りまくり！

DATA

牛舎
東京都千代田区外神田6-5-9
☎ 03-6803-0529　個室なし
㊖ 11:30～15:30（L.O.15:00）／18:00～22:30（L.O.21:30）
㊡ 火曜

黒い3連バーグ 4800円（税込）

バター香るフレンチ仕立て！泡立つソースで余韻まで幸せ

ハンバーグ四天王

旬菜ステーキ処らいむらいと

市ヶ谷

映画史に燦然《さんぜん》と輝く、チャップリンの名作『ライムライト』。それと同じくらい、私のハンバーグ史に残るだろう名店が、市ヶ谷の『らいむらいと』です。

フレンチレストラン出身のオーナーシェフが腕を振るう、和洋のテイストを取り入れた肉料理に心ひかれますが、名物メニューのハンバーグは、ランチでも食べられる逸品。時間によっては行列ができるので、ピークタイムは避けたほうが良いでしょう。

同店のハンバーグの特徴は、何といってもソースにあります。きめ細かく泡立った、バブリーならぬデブリーな質感にまずビックリ。そして、口に含んでみると、バターとニンニクが心地良く香り、コクがあって深いフレンチのような味わいにうっとり。お肉そのもののクオリティーや成型、焼き方などももちろん大事ですが、ドレスのように着飾るソースも大切だと、改めて気づかせてくれるんです。

パティはサイズが選べ、ソース重視なら小さくても満足感あり。ナイフではなく、お箸で食べるのも特徴ですが、表面は香ばしく、中はふんわりとしていて、箸でも切れるやわらかさです。細かく挽いたお肉は、舌触りがなめらか。しみ出した肉汁とソースが融合すると、余韻まで美味しく感じます。あまりのうまさに、きっとあなたはチャップリンの無声映画のように言葉を失い、オンザライスする手が止まらなくなるでしょう！

肉汁とソースが一体化して、ごはんをコッテリと包み込む！

ハンバーグをオンザライス

チーズは肉厚で大ぶり

艶やかでトロトロの厚切りチーズは、肉とソースに負けない存在感！

DATA

旬菜ステーキ処 らいむらいと
東京都千代田区九段南3-4-8
パディホームズ一口坂 1F・B1F
☎ 03-3230-2593（※ランチは予約不可）
個室あり
㊋ 月～金 11:00 ～ 14:30（L.O.14:00）／17:30 ～ 22:00（L.O.21:00）
土曜 11:00 ～ 14:30（L.O.14:00）
㊡ 日曜・祝日

にくー！

らいむらいと風
チーズハンバーグステーキ300g
（ランチセット）1980円（税込）

正統派なのに新しい！肉汁と卵黄があふれる萌え断

―ハンバーグ四天王―

笄軒 広尾

（こうがいけん）

なんとも珍しい店名は「こうがいけん」と読みます。由来はお店がある広尾と西麻布の間あたりの旧地名「笄町」から。こちらでは王道の中に斬新なエスプリを利かせた、進化系の洋食が味わえます。

ハンバーグは単品もありますが、オススメは目玉焼きと海老フライが付いた「洋食プレート」。もう見た目からして胸が高鳴っちゃう、素晴らしきトリオです！

ハンバーグは国産牛と国産豚の合挽きで、ふっくらパンパンに焼き上げたパティは、肉汁がたっぷりです。上にのった目玉焼きもろとも一刀両断すれば、甘い肉汁がジュワ～、濃厚な卵黄がとろ～り。それを受け止めるのが、ワインで作る深みのあるデミグラスソース。まさに＃萌え断な断面の美しさ。そして、その景観に華と腹を添えてくれる海老フライは、ゴマを混ぜた香ばしい衣とともに、プリッと楽しい食感を演出します。

洋食の魅力が詰まったプレートだけでも満足ですが、ぜひ追加カロリーしたいのは「オムリターノ」。これはナポリタンのオムレツのせで、甘味と酸味のバランスが良いソースをまとったパスタが、トロトロの半熟オムレツに優しく抱きしめられています。このアレンジで、たらこパスタにオムレツをのせた「オムリターラコ」という、誰でも頼める裏メニューも隠れた一級品。流行りのバスク風チーズケーキもありますし、とりあえず迷ったら全部注文しましょう！

オムリターラコ 1500円

オムリターノのアレンジ版。
半熟オムレツ×たらこパスタは反則！

インスタで人気のハッシュタグ
＃萌え断 はまさにこのこと

DATA

笄軒

東京都港区西麻布4-6-5
協立興産西麻布ビル1F
☎ 050-3373-8929　個室なし
㈫ ランチ　11:30～15:00（L.O.14:30）
　ディナー 18:00～23:00（L.O.22:00）
㊡ 水曜

（手前から）洋食プレート 2300円、オムリターノ 1200円

ハンバーグ 四天王

にっぽんの洋食 新川 津々井

八丁堀

20日かけて作るデミグラス！何を食べても感動の老舗洋食店

八丁堀の近く、新川にある昭和25年創業の洋食店『津々井』。赤坂にも同名のお店がありますが、そちらも美味しいものの、個人的には新川のほうがオススメです。

ここは「100日ハンバーグ生活」の記念すべき100軒目として、達成パーティーを開いたほど、自分の中では最高峰の洋食店として思い入れが強いところ。大衆的な内装ながら、とにかく何を食べても美味しく、感動必至です！

平日のランチに提供される「ハンバーグ丼」は、ライスの上にハンバーグと目玉焼きがのった限定メニュー。どっしり肉厚なハンバーグは牛肉100%、噛むほどにうまみがあふれます。特製のデミグラスソースは、牛スジや野菜を煮込んでは裏ごしして…を繰り返し、20日間もかけて作る渾身の逸品。目玉焼きの黄身を割ってとろ〜んとさせれば、コクのあるデミグラスにまろやかさが加わり、デブリシャス！お店のキャッチコピーに「にっぽんの洋食」とある通り、これぞ伝統の洋食だと思わせる、威風堂々たるオーラです。

他にも、オムライスとポークジンジャーもマイベストな素晴らしさ。オムライスは3種類ありますが、イチオシのチキンオムライスは、つるんとした卵の内側だけがトロトロになった絶妙な仕上がり。ポークジンジャーは、厚切り豚肉の脂のうまみが引き立ち、ソースが白米との架け橋になるんです。これぞ、にっぽんのカロリー！

ポークジンジャー 1450円

豚ロースに合う甘めのソース。
ショウガが引き締めてくれます。

チキンオムライス 1750円

卵だけじゃなくチキンライスも、
バターたっぷりでトロトロな仕上がり！

DATA

にっぽんの洋食
新川 津々井

東京都中央区新川1-7-11
☎ 03-3551-4759　個室なし
㈪月〜金　11:00〜13:30（L.O.）／17:00〜21:00（L.O.）
土曜　11:00〜13:00（L.O.）／17:00〜19:30（L.O.）
㊡ 日曜・祝日

（手前から）ハンバーグ丼 1000円、
ポークジンジャー 1450円、
チキンオムライス 1750円

ハンバーグこぼれ話

この章の冒頭で「ハンバーグは4つに分類できる」と書きましたが、魅力的な洋食店が多くて、他系統のお店を紹介できなかったので補足します！　まずは肉質推しの焼肉・ステーキ系であれば、熟成肉の専門店『格之進』グループ。通販でも買える、黒毛和牛と白金豚の合挽きハンバーグは、隠し味の塩麹《こうじ》が肉のうまみを引き立てます。鉄板焼き系では、銀座と西麻布にある『ahill』。外はカリッと、外はふわっとレアな仕上げは高温の鉄板ならでは。フォアグラ入りで、ソースはフレンチベースの贅沢仕立てです。もっとカジュアルに攻めるなら、大門・浜松町の鉄板居酒屋『ひょいっと』も素晴らしいです。中がトロトロなハンバーグは、そのままでも良し、ほぐして卵かけごはんと混ぜ合わせて、TKMG（卵かけミンチごはん）にしても良し！　挽き肉から作るハンバーグは、ほぐしやすいという特性があり、ごはんと混ぜるとナイス味変になります。さらに、おもしろ系では中目黒にある『NYU』のウニハンバーグは、まさかのウニが上にどっさり盛られ、中にも入っているという奇跡の融合です。これはもう、ハンバーグのように夢もお腹もパンパンにふくらみますね。また100日連続で食べたくなります！

ツートップ

最強のハンバーガー

食材の良さや味付けなど、インパクトが求められがちな料理ですが、
パティ、バンズ、チーズ、野菜、ソースといった素材同士の一体感こそ、
ハンバーガーにとって最も大切な要素だと思います。
伝統的なアメリカンダイナーの名店や、上陸ブランドなども
話題になっていますが、いっぽうで最近の新潮流も見逃せません。
たとえば人気焼肉店『なかはら』の血を引く
『ヘンリーズバーガー』のような名門系、
チーズマカロニトッピングでSNS映えと
追カロリーも狙える個性派カスタム系など、
まだまだ進化するグルメバーガー。
新しい可能性を秘めたジャンルですね！

B COMBO
（ハンバーガー／ダブル）
1480円（税込）

HENRY'S BURGER Akihabara 秋葉原

（ヘンリーズバーガー　アキハバラ）

焼肉で人気を誇る名店が手掛けた黒毛和牛バーガー

焼肉のオススメとしてP20で紹介した『炭火焼肉なかはら』。同店自慢のA5和牛を、リーズナデ・ブルに楽しめるお店があるんです。それが直営しているハンバーガーショップ。代官山と秋葉原にある『ヘンリーズバーガー』です。

パティはつなぎを一切使わない、肉感あふれる100%黒毛和牛。主にスネ肉を採用し、かなり粗くなっているので、その食べ応えはステーキをブチッと噛みちぎっているかのようなワイルド感です。しかも、大きな鉄板でプレスした香ばしさも食欲がそそられます！

肉質最高峰のパティはもちろんですが、そんな主役を引き立てる、脇役も見逃せません。クリーミーなチーズやソース、シャキシャキの野菜、それらを受け止めるふかふかバンズ。ハンバーガーの大切な要素である、一体感もお見事！

サイズが数種あり、特に好バランスなのがダブル。肉と戯れたいなら、パワフルなトリプルもオススメです。秋葉原は席数にもゆとりがあるので、店内で心置きなく太りたいならこちらでしょう。

DATA

HENRY'S BURGER Akihabara

東京都千代田区外神田3-7-13
☎ 03-6206-8841（予約不可）
個室なし
㊔ 11:00～20:00
㊡ なし（年末年始、夏期休業を除く）

ゴリゴリバーガー TAP ROOM 六本木

SNSで「いいね」2万超え！ 肉とチーズの怪物

ハンバーガーは、そびえ立つビジュアルが魅力でもあります。そこでオススメしたいのが、六本木の『ゴリゴリバーガー タップルーム』。ここにパティとチーズを3枚ずつ挟んだメニューがあるのですが、これをTwitterにアップしたら1万4000リツイート&2万いいねされる反響が！

見た目のインパクトだけでなく、味わいも絶品です。牛肉は塊で仕入れ、毎日店内でミンチにしているので鮮度良好。その粒子は粗挽きで、それが店名通りのゴリッとした食感を生み出しているんです。しかもゴリゴリ感は残しつつも、パティの中はやわらかくなめらか。バンズがふわっとソフトな仕上がりで、トロトロのチーズと口の中で一体化する素晴らしい完成度なんです！　野菜がなくても好バランスなバーガーのお手本ですね。

また、同店は樽生のクラフトビールを豊富にそろえているところもポイント。小サイズを飲み比べできるセットもあるので、ビールとのペアリングで、ハンバーガーを喉ごしで楽しんでください！

DATA

ゴリゴリバーガー TAP ROOM

東京都港区西麻布1-2-3 1F
☎ 03-6804-2435　個室なし
㊒ 月～金　18:00～23:00
(L.O. 22:30)
土日祝　12:00～22:00
(L.O. 21:30)
㊡ なし

3×3ゴリゴリバーガー
2400円

ハンバーガーこぼれ話

ここでは多彩な楽しみ方をご紹介します。まずはオーガニックで人気の『ベアバーガー』。こちらにはオニオンリングが刺さった個性的なバーガーがあります。上陸系でいえば、100万通り以上のカスタマイズができる『ザ・カウンター』も面白く、ここで「こんなにチーズをトッピングした人はいない！」と店員さんから言われたことがあります。ハンバーガーに大切なのはバランスではありますが、こうした遊び心、懐の広さもハンバーガーの奥深さですね。トッピングといえば、名店『ファイヤーハウス』のチリビーンズは大好きな組み合わせ。ピリ辛な味付けとやわらかい豆の食感で変化をつけます。あと、ぜひセットで注文したいのがシェイクです。なぜなら、多くのハンバーガー店がシェイクもこだわっているから。たとえば前述した『ファイヤーハウス』のバニラシェイクはミルクの濃厚感が素晴らしいですし、上陸系で一躍有名になった『シェイクシャック』には、日本限定で黒ゴマを使った香り高いシェイクがあります。サイドメニューではフライドポテトも欠かせなかったり、いろいろと誘惑が多いですね。ぜひハンバーガーにカブりつき、デブりついちゃってください！

ツートップ

Pork cutlet

最強のとんかつ

「揚げ料理」であると同時に、実は「蒸し料理」でもあるとんかつ。
衣の中で一気に蒸し上げることで、お肉がみずみずしく、
ふっくらと仕上がります。肉厚なほうがそれを実感できるので、
デブは断然、厚切り派！ そして並・上・特上から選ぶなら、
お店の一番の自信作「特上」を攻めてください。
焼肉の高級店なら会計1万円オーバーはよくありますが、
とんかつは3000円くらいが上限ですから。
ここは思い切ってサイフの紐も、お腹のベルトもゆるめて、
最上級メニューに飛び込んでみましょう！
自分もとんかつになった気分で堪能できるはずです。

主役は霜降り豚！甘くとろける肉のランウェイ

むさしや　新橋

豚肉の美味しさのカギは、脂にあると僕は思います。上質な豚の脂はしつこくなく、甘くてコクがたっぷり。そんなシンプルな豚肉のうまさに感動できるのが、『むさしや』の「極上ロース」です。

　素材には生産者まで指定した栃木県産「平牧バーク三元豚」の中でも、最高級の部位を使用。赤身にもサシが入っていて、きめ細かな肉質が特徴です。衣には特注の生パン粉を使い、この道20年以上のスゴ腕の店主が、肉のうまみをとんかつに閉じ込めます。本来の肉の味が引き立つように、まずは岩塩で食べるのがオススメ。

　ひと皿200gある満足サイズですが、甘い脂がもたれないので、意外とサクッとイケます。

　まるで高級ステーキ店のように、揚げる前のお肉を見せてくれる演出もニクい！　味だけでなく、目でも楽しめるエンターテインメン豚《トン》！　素材に絶対の自信があるからこそできる、高級ブランド豚が主役のキャットウォークならぬ、〝ファットウォーク〟は、確実にテンションアップです！

DATA

むさしや

東京都港区新橋5-9-7
第19大協ビル1F
☎ 03-3436-6348　個室なし
㊔ ランチ　11:30 ～ 13:30(L.O.)
ディナー 17:30 ～ 20:30(L.O.)
※土曜はランチのみ
㊡ 日曜・祝日

極上ロースかつ定食ランチ 2350円

リブロースかつ定食 3000円

厚切りは正義！余熱で火を通すリブロースカツ

とんかつ檍（あおき） 銀座店

銀座

蒲田と浜松町にある人気店『檍《あおき》』が、2018年3月に新店を銀座にオープン。臭みがなく、脂にコクがある銘柄豚「林SPF」を、でっかいとんかつで楽しめるワクワク&ニクニクなお店です。

オススメは「リブロースかつ」。本来リブロースは牛肉の部位ですが、豚ロースの中でも格別に脂がのった部位のことをお店ではこう呼んでいます。そんな林SPFの希少部位を、圧巻の厚切りカットでいただけるのが嬉しい！

黒豚と白豚のラード100%の揚げ油や、糖分まで微調整したふわふわの特注パン粉もステキですが、何よりも注目すべきは揚げ方。やや低めの温度でじっくりと外側の部分を揚げたあと、しばらく置いておくことで、余熱によって内側まで加熱します。こうして作られるのが、肉好きを悶絶させる断面！うっすらと火が通って、赤身も脂も艶やか。弾力がありつつも歯切れのいい食感、そこからあふれ出る肉汁は、絶妙な半レア感の賜物《たまもの》。ソースが恋しくなるまでは、パキスタン産のヒマラヤ岩塩で食べ進めましょう♡

DATA

とんかつ檍 銀座店

東京都中央区銀座8-8-7
第3ソワレ・ドビル B1F
☎ 03-6264-6866
個室なし
㊋ 11:00～15:00／17:00～20:00
㊡ 日曜・月曜

とんかつこぼれ話

昔からの王道料理として完成された感のあるとんかつですが、実は日々進化しています。たとえば、かつてはソース一択だった味付け。今では選択肢も増え、揚げたてのサクサク感や肉のうまみをより楽しめる“とんかつファースト”な「塩」でもスタートできます。ソースは直接つけず、キャベツにかけてワンクッション。このグリーンカーペットが、ブタデミー賞主演のとんかつをエンディングまで引き立てます。衣の軽やかな食感にソースのコク、キャベツの清涼感が加わって、デブリシャス！　最近では、低温揚げでふんわりとエアリーな衣の『成蔵《なりくら》』、豚肉の部位ごとに楽しめる割烹スタイルの『銀座かつかみ』、まさかのメープルシロップで食べる『とんかつ 都』など、個性的なニューカマーも続々登場。そして激戦区にも異変あり。これまでは老舗が多い上野、『のもと家』など強豪ひしめく浜松町、餃子からとんかつの聖地にも変貌をとげた蒲田が有名でしたが、最近では『むさしや』が移転し、『檍』が新店を開業した新橋〜銀座なども注目されています。ますます進化し続ける、とんかつワールド。自分も同じ「豚」として、負けていられません！

ツートップ

Bowl of rice

最強の丼

これは得意分野のひとつです。
なんといっても、丼は「オンザライスの究極系」ですから！
重要なのは、ごはんとおかずの
架け橋になる存在があるかどうか。
ただやみくもに、おかずを
オンザライスしただけでは成立しません。
たとえば、チキンナゲットとごはんを合わせたとしましょう。
口の中がちょっと乾いていく感じがしませんか？
でも、そこにバーベキューソースを
ちょこっとたらせば、ごはんがススむわけです。
つまりは、架け橋の存在によって、
ごはんとおかずがひとつになるんですね。
まるで飲み物のようにスルッとゴクッと楽しめる、
それが私にとって、究極の丼です。

〝秘伝の味噌ダレ〟濃厚ホルモンを白米にぶっかけ！

ホルモン煮込み きつねや

築地

築地は魚だけじゃない！ 築地場外市場が生んだ、最強クラスの丼店が『きつねや』です。

ここは路面店なので、青空の下で食べられる開放感も魅力のひとつ。名物のホルモン丼には数種類の部位が入り、味付けには甘味豊かな八丁味噌が使われています。それらが大鍋の中で合わさり、すべてのうまみが染みた継ぎ足しのタレを作り出します。

やわらかく煮込まれたホルモンと、ほかほかの炊きたてごはんを、絶品の味噌ダレが架け橋となって両者を結びつけています。

そのまま丼でオーダーするのが定番ですが、通いつめて発見した独自の注文法が〝別盛り〟。「ホルモン煮」を「ごはん大」で迎え撃ち、「生卵」を付けます。まずは黄金色に輝く卵かけごはんを作り、その上から煮込みをぶっかける、〝ゴールデンオンザライス〟がオススメです。卵でコーティングされた喉ごし良好なTKGと、ドロっと濃い味噌味のホルモンが渾然一体となり、デブリシャス！

やはり「究極の丼」とは飲み物だったんだ、と気づかせてくれる名店オブ名店です。

DATA

ホルモン煮込み きつねや

東京都中央区築地4-9-12
☎ 03-3545-3902
（予約不可）個室なし
㊖ 7:00 ～ 13:30
㊡ 日曜・祝日・不定休

ホルモン丼 850円

特上親子丼
1460円

焼鳥屋の本気! 研究に研究を重ねた マネできない親子丼

親子丼専門店○勝 (まるかつ)

銀座

銀座で大好きな『ばぁーどはうす○勝』。こちらは鉄板焼鳥が楽しめますが、シメの親子丼も絶品。その親子丼に特化した専門店が2017年にオープンしました。もともと、常連さんから「焼鳥は素晴らしいけど親子丼だけはイマイチ」と言われた店主が奮起し、研究に研究を重ね、究極の親子丼を完成させたんです。

特徴は、厳選したブランド鶏と、そこから抽出するうまみたっぷりのダシ、そして濃厚な卵。鶏だけに〝トリ〟プルな美味しさです！ 鶏肉は2種から選べ、味もタレか塩かの2択で計4タイプ。ひとつは日本三大地鶏・名古屋コーチンの中でも、愛知県産の由緒正しき純系。しかも名門「稲垣種鶏場」の希少な鶏を使い、歯を押し返すような力強い弾力感と濃厚な味を楽しめます。こちらを贅沢に使用した「特上親子丼」は1460円しますが、この高品質を考えると安いくらい。いっぽう信玄鶏は、やわらかい肉質で1000円。

初訪問した時は勢いあまって、ひとりで両方とも注文。お昼から2杯の「ドリンク」は格別でした。

DATA

親子丼専門店○勝

東京都中央区銀座4-4-1
銀座Aビル2F
☎ 03-3567-8080　個室なし
㊫ 11:30～15:00 (L.O.14:30)
17:00～21:00 (L.O.20:30、売り切れ仕舞い)
㊡ 水曜・第3木曜・正月
(種鶏場の状況により臨時休業あり)

丼こぼれ話

日本人が古くから愛するごはん。そこにおかずをのせたものが丼ですよね。そのため、牛丼や親子丼といった国民食から、地方ならではのご当地丼、ユニークな創作系まで、多くの丼が存在します。ご当地系でオススメなのは、北海道・帯広名物の「豚丼」を提供する『豚大学』。新橋と神保町にあり、ごはんの上に花が咲いたかのように、炭火焼きの豚バラ肉が敷き詰められ、まさにフォトジェ肉！　いっぽう海鮮系のご当地丼で注目なのは、青森県の「筋子納豆ごはん」。これを味わえるのが、呑んべえの街、四谷三丁目・荒木町にある青森居酒屋『りんごの花』です。片方でもごはんに合う、筋子と納豆をドッキングさせてしまった破壊力はバツグンです！　そして創作系では、「和ダレのフォアグラご飯」や「トリュフ卵かけご飯」を提供している麻布十番の『十番右京』。濃厚な卵や香り高いバターの演出で、贅沢な食材がより引き立てられる、背徳的な丼ですね。「居酒屋」の章でも紹介する、築地『いま津』のランチでは、ウニ・イクラ・大トロ・和牛炙りを豪快に盛り合わせた丼があり、こちらも背徳感では負けていません。ごはんという白いキャンパスには、なんでも自由に描けます！

四天王

Skewer grilled

最強の串

串料理って本当に幅広いですよね！
串に刺す、ということは、
実は美味しさの理にかなっている調理法なんです。
たとえば「焼鳥」は炭の配置で火加減を調節し、
職人さんが状態を見ながら串を動かして焼くことで、
ムラなく火を通します。
「串揚げ」なら、小気味よい串さばきで油切れが良く、
カラッと揚げることができます。
私たちは、できたての串を手に取って、
ダイレクトに口に運べばいいというわけですね！
食材ごとに仕上がるタイミングは違うので、
〝1串1素材〟がベター。職人さん入魂の串を、
クシだけに9×4＝36本は食べましょう！

30種類以上の希少部位 焼鳥のニューワールド

—串 四天王—

酉たか(とり)　二子玉川

二子玉川駅から少し歩いた住宅街に、ひっそりとたたずむ焼鳥店。焼鳥というと、モモ、ねぎま、砂肝などが一般的ですが、こちらは鶏の串焼きだけで30種類以上のメニューがあります。王道はもちろん、他店では出合えないような希少部位もたくさん。「どれを選ぶか…」「いっそぜんぶ食べてしまおうか…」とDEBUを惑わせるラインナップですが、7本、10本、12本から選べるおまかせコースがあるのでご安心を。

代表的な希少部位は、オトナのビターな味わいを楽しめる「せぎも」、一本の串を作るのに鶏が数羽必要な「ひざがしら」、プツッと弾けてドロッと濃厚な「ちょうちん」など。ひと通り食べ終わる頃には、焼鳥の新しい魅力に〝トリ〟つかれているはず。

こちらはもともと、『酉玉 神楽坂』で修行した熟練のスタッフたちが、そのすべてを継承して誕生したお店。鶏のうまさが際立つおつまみや、「信州黄金シャモ」という肉の弾力と深いコクのある特別な焼鳥なども味わえます。シメには鶏そぼろ、かしわ、温泉玉子が集結した「酉たか丼」などを、チキンとたいらげてください。

白木造りのカウンター席とプライベート感たっぷりの個室席、どちらも雰囲気があり、お酒もゆっくり楽しめます。初訪問した時に感動して、翌日に再訪してしまったほど。焼鳥の新しい世界へと羽ばたかせてくれるお店です。

ひざがしら

串1本で5～10羽分を使用する部位。
コリコリとした心地良い食感！

ちょうちん

噛むとプッツンと弾けて、
濃厚な卵黄が口いっぱいに広がります。

DATA

酉たか

東京都世田谷区玉川3-21-21 ハイムカワベ1F
☎ 03-3700-0403　個室あり
㊥ 月～金　17:00～23:00
　土日祝　16:00～23:00（L.O. 22:30）
㊡ なし(年末年始、夏期休業を除く)

おまかせ串盛り合わせ
二子玉川7本コース 1980円

和牛串からのBARハシゴこれぞオトナの隠れ家！

—串 四天王—

牛泥棒 白金高輪

（うしどろぼう）

どの駅からも離れた、白金の路地にひっそりとたたずむのが、『牛泥棒』というお店。1Fは明るいカウンター席で、2Fは古民家風の個室でしっぽりと楽しめます。店名の由来は「牛のいいところを全部持っていった」という意味の通り、和牛串の専門店なんです。

メニューには焼肉店のような部位名が並び、カルビ串などの定番は、黒毛和牛のメス牛ならではの甘～い脂がじんわりと広がります。ホルモン串も部位ごとの個性が光り、パワフルで肉々しいハラミは必須！　お上品な量なので、いろいろな部位を少しずつ味わえますし、逆に言えば、おつまみで何本でも食べられちゃいます。

串以外にも、自慢の牛肉料理はもちろん、契約農家から仕入れた季節野菜料理なども充実していますが、シメにはぜひ「牛タン炙り寿司」を。ごはんに厚切り牛タンがドカッとかぶさった握り寿司を口に放り込めば、ぷりんぷりんに暴れだします。そして噛みしめるたびにジュワッとあふれでる肉汁が、デブリシャス！

また、このお店が面白いのは、ハシゴしやすいこと。系列のバー、その名も『BAR トナリ』と店内でつながっていて、お会計をせずに移動可能。自然な流れで二軒目に移れてしまうのは、デブなのにスマートですよね。しかも深夜まで営業していますし、こういうお店を知っておくと、粋なデートでミートが楽しめるはずです。

特選雌牛串 700円

仕入れにこだわる希少部位は日替わり。写真はトモサンカク。

牛タン 250円～

牛タンを口いっぱいに頬張り、牛とのディープキッスを(笑)。

DATA

牛泥棒

東京都港区白金5-10-12 1F

☎ 03-6447-7670　個室あり

㊪ 18:00～翌4:00（L.O.3:00）

㊡ なし

（右手前、奥）おまかせ盛り合わせ
8本コース 2750円、
（左）牛タン炙り寿司 680円

串 四天王

故郷味 新橋
（ふるさとあじ）

リーズナブルな大衆系 魔法のスパイス香る羊肉串

中国北東部の郷土料理「延辺《えんぺん》料理」をご存知でしょうか？　朝鮮半島のエッセンスを取り入れた味付けが特徴で、いっぷう変わったスパイス感がクセになるんです。アットホームな雰囲気で本格的な延辺料理を味わえる『故郷味』は、新橋店と上野店があって、自分は両方とも制覇しました！

名物は延辺料理では欠かせない「羊肉串」。１本１５０円というリーズナブルな価格が嬉しすぎます。にもかかわらず、羊肉は、ニュージーランド産のやわらかくて高品質なラム肉を使用。クミンなど20種類の、独自ブレンドしたスパイスをたっぷりと塗り込み、炭火でじっくりと15分ほどかけて焼き上げます。

この魔法のスパイスが、羊肉特有の臭みを消して、香り華やかな逸品に昇華。すさまじくお酒がススみます。羊肉にかぶりつき、ビールやハイボールで流し込む…以下、このヘビロテです。お酒に合うものは、だいたい白米にも合う！　ということで、串から外して羊肉オンザライスもアリ。同じ味付けの豚バラ肉や牛肉などもあるので、ここはやはり、全肉制覇したくなっちゃいますね。

ベースは中華料理店なので、その他のメニューも充実。「魚の辛いスープ煮」や「干し豆腐の辛味和え」なども美味。ただし、どれも刺激的で、どんどん汗をかいてしまうため、痩せちゃわないよう、量でカバーしてください！

ひたすらおかわりしたい羊肉串。
オンザライスすれば、立派な定食に。

豚三段バラ串焼1本200円
思わず自分も嫉妬してしまう、
パワフルな三段バラ(腹)。

DATA

故郷味 新橋店
東京都港区西新橋1-12-6
富士アネックスビルB1F
☎ 03-5512-2833　個室なし
㊔ 11:00 ～ 15:00 ／ 17:00 ～ 23:30
㊡ 日曜

羊肉串1本150円

エアリーな串揚げ 究極かつサンドをお土産に

串 四天王

銀座 串かつ凡（ぼん）

銀座

ディナーではお一人様1万円以上かかる、ちょっとエクスペンデブな高級串揚げも、ランチならおトク！ 大阪から東京に進出してきた名店の味を、なんと1000円台から堪能できるんです。

こちらの串揚げの特徴は、何本でも食べられてしまう〝軽さ〟。キメの細かいパン粉を使った衣はとても薄くて繊細。揚げる過程で、薄衣に包まれた食材はふっくらと蒸し上がっています。高級ラードと綿実油をブレンドしたこだわりの揚げ油も、軽いエアリーな揚げ上がりの立役者。海老などの定番をはじめ、おふのあられ揚げなどの変わりダネまで、何を食べても、デブリシャス！ 串の内容は季節によって変わるので、再訪したくなる楽しさもありますね。

もし夜に行くなら、さらに魅惑の世界が。ズッキーニの串揚げにフォアグラをのせてみたり、子持ち昆布の串揚げにウニとキャビアをのせてみたり。セレブならぬ、セデブな食材の濃厚なマッチングの妙をも感じさせてくれるので、気分までアゲアゲ↑です。

あと必ず押さえておきたいのが、山形牛のフィレ肉を使った、テイクアウト限定のかつサンド。揚げた串をクルクルっと回して遠心力で油切れさせたビフかつは、驚くほど軽くて、女性ウケもバツグン。フィレ肉は歯がいらないほどやわらかく、パンとの一体感も絶妙。お土産や差し入れにも喜ばれる、隠れた逸品です。

子持ち昆布の串揚げ（おまかせコース内）

プチプチ・トロトロ・サクサク…口の中がもうお祭りです！

究極のかつサンド 2800円

串揚げ店だからこそできた、重たさを感じさせない、究極のビフかつサンド。

DATA

銀座 串かつ凡

東京都中央区銀座8-2-8 銀座高本ビル3F

☎ 03-6274-6649　個室あり

㊖ ランチ　12:00～14:00（最終入店13:00）
ディナー　17:30～23:00（最終入店21:00）

㊡ なし（ランチは日月火休み）

軽めのお試しランチ 8本コース
1800円

串こぼれ話

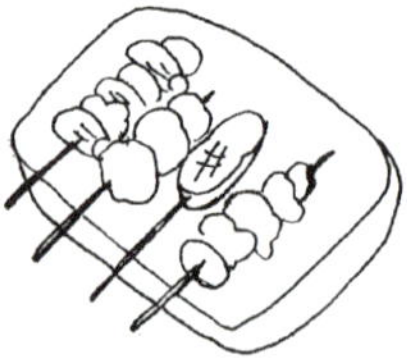

大衆系からセデブなお店まで、串料理のバリエーションはとても多彩。あまりの幅広さに、ウエストもどんどんワイドになっちゃいますね！ 焼鳥だと『酉たか』のように希少部位を味わえるお店もあれば、青森シャモロックを使用した五反田『よし鳥』、熊本の天草大王を使用した中目黒の『Maru』のように、地鶏ならではのパワフル感が楽しめるお店もあります。いっぽうで、渋谷の『達』は、フレンチ出身の店主による焼鳥なので、ワインからタレを作ったり、エシャロットの酢漬けをのせてサッパリと食べさせたり、焼鳥の新しい風を感じさせます。串といえば、焼きとんもハズせません。安い・うまいのスタンダードな国分寺『うめず』、オシャレに個室で楽しめる表参道『ざぶ』など、あの手この手で共食いを誘ってきます。そのほか、串焼きならではの珍しいメニューですと、渋谷『ノ《の》木口《ぎぐち》』のピーマンチーズ巻き。ピーマンの中にこれでもか！　とチーズを詰めて、豚肉を巻いて焼きあげた逸品は、チーズの大洪水や！　ちなみに、2018年に流行った「ハットグ（韓国式アメリカンドッグ）」も、よくよく考えれば串料理。いつかは串を極めて、はっしーから、くっしーに改名したいと思います！

四天王

Japanese hot pot

最強の鍋

テレビ番組の「鍋王決定戦」で優勝して、
初代鍋王に輝いたことがあるほど、実は鍋が大好きです。
その素晴らしさは、どんな具材でも味付けでも良いという、
自由度の高さ。多彩な素材が手を取り合いながら、
ひとつの味を作るという「ガチャ」に夢があり、
いわば小宇宙といえるでしょう。
鍋において、特に重要なのはスープ。
ダシから時間をかけて作る必要があるので、
和食や鍋の専門店はハズレが少ないですね。
あと、根拠はないけど、引き戸のお店かな？
大好きな仲間たちと鍋を囲み、日頃の感謝を込めて
「サンキュー鍋リーマッチ！」と言い合いましょう。

—鍋 四天王—

牧野 浅草

毛ガニ×味噌バターのスープを大根がたっぷり吸いまくり！

浅草の『牧野』は、老舗のフグ料理店なので、焼きフグや唐揚げなども絶品ですが、あくまでそれは自分にとっては前菜の位置付け。メインに食べるべきは、まかないから生まれた「かに大根鍋」という、鍋業界のキングオブ鍋です。丸ごと使う毛ガニからどんどんとあふれ出てくるうまみと、白味噌ベースのスープが、見事に調和。さらにバターが添えられることで、極めてリッチな味わいに。そして欠かせないのが、たっぷり入った半月状の大根です。カニ味噌まで溶け出した極上スープをたっぷりと吸ってくれているので、まさにこれは「食べるスープ」と言っても過言ではありません！

食べれば食べるほど味わいが増していく鍋を楽しんだら、最後はもちろんご褒美タイム。シメという名の、感動のフィナーレを迎えるお時間です。こちらでは中華麺か雑炊かを選べますが、迷ったら両方です。雑炊から作ってしまうとスープがなくなって麺が食べられなくなってしまうので、麺→米の順番。これが実は理にかなっていて、麺の小麦粉がスープに溶けてトロみが増し、ドロっとした濃厚な雑炊に仕上がります。煮詰めて、最後の最後までスープを米粒に吸わせれば、余すことなくカニエキスが凝縮。まさに、「カニだけにカーニバル」な美味しさです！

ちなみに、時季によっては光り輝くイクラを雑炊にのせてくれることも。んもう、たまりません。

ふぐ焼き身 1人前5000円
卓上で焼肉のように食べる一品。
タレの香ばしさが舞い上がります。

下関ふぐ刺 1人前5000円
歯を押し返す弾力が、良質のフグの証し。
優しい甘味が感じられます。

DATA

牧野
東京都台東区松が谷3-8-1
☎ 03-3844-6659　個室あり
㊖ 17:00 ～ 22:00
㊡ 木曜（冬季は無休、夏期休業あり）

かに大根鍋 1万9000円

神戸牛のロース＆バラと山形牛ホルモンの名峰！

鍋 四天王

なべ肉や なべ彦 中目黒

中目黒のグルメな織姫たちをトリコにしている彦星といえば、鍋業界に現れた新星。その名も『なべ彦』。日本三大和牛のひとつである、神戸ビーフを使った「なべ肉」が名物で、ここはオープン当初に自分が真っ先に見つけた穴場店でもあります。自慢の神戸ビーフは、ロースとバラの2種類を使用。こんもりとした野菜の上に牛肉を敷き詰め、山のようにそびえ立つビジュアルは、まるで肉鍋のレッドクリフ！ 下には脂の甘味が感じられる山形牛ホルモンも隠されていて、肉とホルモンのタッグは、これぞダブルパンチならぬ、デ・ブ・ル・パンチです！

火をつけると、このカチカチ山はお祭り騒ぎ。神戸と山形、それぞれのブランド牛から艶やかな肉汁が溶けだし、野菜のエキスとともに贅沢なスープを生み出します。味の決め手は、渾身の自家製コチュジャン。辛さの中にうまさがあり、まろやかで深みも感じさせます。ピリ辛テイストだからこそ、脂の重さも感じさせず、食欲増進。

最後のシメは、チーズを2皿分オーダーして作る、ダブルチーズリゾットがオススメです。ピリ辛スープとマイルドなチーズが合わさり、チーズタッカルビのようなメリハリ感がたまらない美味しさ。ちなみに、飲み放題付きコースが6000円で楽しめ、完全個室も使えたり。もうこんな頼りがいのある彦星なら、毎日でも会いたくなっちゃいますね！

シメ チーズリゾット 500円
刺激的なコチュジャンと優しいチーズ。
ツンデレ美味な組み合わせ！

どんどんと肉＆ホルモンの脂が
スープに溶け出していく…！

DATA

なべ肉や なべ彦
東京都目黒区上目黒2-7-12
ドアーズ中目黒1F
☎ 03-6452-2139 個室あり
㊫ 18:00～24:00（L.O. 23:00）
㊡ なし

なべ肉 1人前 2980円

―鍋 四天王―

とりなご 恵比寿

鴨がうまみをカモし出す超絶スープでネギが主役に

京都の福知山に本店があり、東京では恵比寿と三軒茶屋に支店を構える、鳥料理店『とりなご』。名物は鴨×ネギの「鴨すき」です。まずは提供時のお皿に注目。京鴨のロースがまるで花を咲かせたように美しく盛り付けられ、まさにフォトジェ肉！　見た目の華やかさに、ワクワク&ニクニクしながら、鴨肉をスープでしゃぶしゃぶすれば、キュッと肉が引き締まり、なめらかさの中に肉々しさが引き立ちます。そして肉以上に心を奪われてしまうのが、意外にもネギ。細長くカットされて、臭みがまったくなく、シャキシャキとした清涼感が全開。鴨のうまみがしみ出たスープをまとって、これがノンストッピングな美味しさです。

山盛りで提供されても、何度もおかわりしてしまい、こんなにもネギを食べたら「痩せちゃう！」と危機感が募るものの、それでも鴨から見事に「主役」の座を奪い取ったネギには、ネギらいの言葉をかけたくなります。

ちなみに、合わせてオススメしたいのが、鶏のからあげ。骨つきの「みちのく清流味わいどり」に、タレを絡めて豪快に揚げた、和製フライドチキンです。衣はカリッとクリスピーで香ばしく、やわらかい身にはうまみエキスたっぷり。このチキンだけでも、太りに行く価値がありありです！

からあげなどでコンディションを整えたあとは、メインの鴨鍋を「カモーン！」と呼びましょう。

名物からあげ 1ピース 400円

醤油と塩をベースにショウガやニンニクなどを使った、秘伝ダレが味の決め手。

鴨だしのねぎ 1000円

プラス1000円で追加できるネギ。まるでヘルシーな麺料理のよう！

DATA

とりなご 恵比寿店

東京都渋谷区恵比寿3-7-3大倉ビル1F

☎ 03-5420-1075　個室なし

㊋ 月～金　11:30～14:30／18:00～24:00（L.O.23:30）
土曜　18:00～24:00（L.O.23:30）
日・祝　18:00～23:00（L.O.22:30）

㊡ 不定休（土日祝のランチは休み）

鴨すき 1人前 3500円

鍋 四天王

水炊き 鼓次郎

（こじろう）

田町

名割烹が手掛ける水炊きは深化する感動のフィナーレ

都内トップクラスの水炊きを味わえるのが『水炊き 鼓次郎』。久我山の名割烹『器楽亭』が、2017年にオープンさせました。とにかく魅力はスープ。「まずは飲んでみてください」とスープから提供する所作に、自信がうかがえます。

研究熱心な店主の情熱もポイント。当初は超濃厚な味でこれも秀逸でしたが、2018年に現在のスープに成長。コクのある鶏エキスに、昆布ダシのうまみを重ねて、広がりを持たせました。提供時はサラッとしていますが、それはあくまでスロースタートで、具材を入れて食べ進めていくうちにどんどんと深みが増します！

大ぶりな鶏モモ肉は、豊かな肉汁と弾力が絶品。エキスをたっぷりまとったつくねは、実にシルキー。そして野菜は甘味を放出しつつ、スープを吸ってしんなりと。これら多彩な具との相乗効果で、「こんなにうまみが出るの？」と驚くほどの水炊きがここで完成します。

シメはぜひ二段階で。まずは麺を食べてスープにとろみを加え、雑炊へ。ごはんを投入して適度に熱したら火を止め、溶き卵をかけるのがポイントです。今までの具材のうまみをすべてお米に吸収させた、まさに感動のフィナーレ！今までがエピローグと思えるほど、この雑炊に伏線が張られていて、水炊きのスープならではのコクを余すことなく堪能。『鼓次郎』は、太鼓判ならぬ太鼓腹を押せちゃう、超オススメ店です！

鶏のカラアゲ500円

こぶしサイズでカラッと揚げた唐揚げは、下味しっかりでお酒と合わせたくなる美味しさ。

シメのラーメン１人前 400円

水炊きを終えたら極細麺を鍋に投入。鶏のうまみスープをたっぷりまといます！

DATA

水炊き 鼓次郎

東京都港区芝浦1-14-17 布川ビル

☎ 03-6435-4840　個室なし

㊓ 17:00 ～ 23:00（L.O.22:00）

㊡ 日曜

水炊き 1人前 2500円

鍋こぼれ話

鍋といっても多種多様なので、今回は大変悩みました。定番系のモツ鍋なら、六本木にある『和楽』は、博多の老舗『やま中』の味を引き継いだ名店で、ニンニクを利かせたパワフル鍋。ニンニクといえば、新橋の『馬並み家』では、歌麿鍋という馬肉のすき焼きが食べられ、青森産ニンニクとトロロ卵を合わせる滋養強壮系。すき焼きといえば、東京に松阪牛を広めた肉卸の名門・吉澤畜産が直営する銀座『吉澤』は、肉質ばっちりです！　肉といえば、焼肉の章で紹介した『ホルモン千葉』が2018年に渋谷にオープンさせた姉妹店『肉なべ千葉』は、驚きの肉のボリュームとコスパの素晴らしさを誇ります。コスパといえば、渋谷と恵比寿にある『かいり』では、痛風鍋と呼ばれる牡蠣・白子・あん肝のプリン体トリオがどっさり盛られた、インスタ映え＆カロリー映えなメニューも。そんな変わりダネなら、六本木『金肉』のブリしゃぶ（シャトーブリアンのしゃぶしゃぶ）や、西麻布『わだ家別邸』の赤ワインしゃぶしゃぶは、女性なら心とお腹が奪われることでしょう。と、なんだか数珠つなぎで紹介しちゃいましたが、それだけ鍋料理には無限大の可能性が広がっているといえますね！

四天王

最強の居酒屋

大衆酒場から和食や割烹のような高級系まで、通いたくなる居酒屋に共通しているのは「お酒が美味しく飲める」ということ。お互いを引き立て合う料理とお酒は、主役であり脇役。良い居酒屋だと、お酒と料理がガシガシとススんじゃいますね。デブとしては「米に始まり、米に終わる」というのも重要！この章では肉系はセーブして、米が原料の日本酒に合う「魚介」を中心にしました。そしてラストはもちろん、シメのごはんものでフィニッシュです。「居心地が良い酒屋」と書いて、居酒屋。店員さんとのコメニケーションも楽しみましょう！

土鍋で輝くウニとイクラ インスタで「いいね」爆発！

―居酒屋 四天王―

魚輝 六本木

（うおてる）

オープン当初に発掘して以来、何度も通い続けている海鮮居酒屋です。店主は銀座の高級寿司店の出身で、確かなプロの技を居酒屋スタイルで楽しめます。「このクオリティーでこの価格、大丈夫？」と心配になるメニューもありますが、店主は「最上の料理をできるだけ多くの人に味わってほしい」という志のもと、この素晴らしいお店をオープンしてくれました。

魚介は毎朝、豊洲市場で店主が自ら仕入れてきたものを使用。鮮度バツグンの魚介がてんこ盛りのお刺身盛り合わせ（要予約）や、薄衣でサクッと、中は肉厚でふわっと揚がったアジフライ、そして脂がノッた魚の串焼きなど、どれもツマミには困りません。全国から厳選した日本酒とのペアリングを楽しむのが粋でしょう！

そしてシメは「ウニイクラ土鍋ごはん」。米粒が見えないほどのウニとイクラが敷きつめられた、プリン体パラダイス！　これだけ時価なのはその日の朝に最も良い素材を市場で仕入れるため。その品質と鮮度は間違いありません。ダシで炊いたごはんはウニイクラとよくなじみ、渾然一体となって優しく広がります。まずはごはんの上にのせて食べ、そのあと混ぜて食べると、また違った濃厚さを味わえます。そしてこれはインスタで瞬く間に「いいね」がもらえる一品。『魚輝』だからできた、土鍋で輝くウニとイクラ。魚卵の輝きを、どうぞ〝ぎょらん〟ください！

真アジのフライ 980円

カラッとした衣と、ふっくらな身。アジフライはマストメニューです。

お刺身盛り合わせ 1人前 1000円（注文は2人前から）

海鮮オールスターズが集結！素材の良さを感じてください。

DATA

魚輝

東京都港区六本木7-6-3 喜楽ビル101

☎03-3479-0577　個室なし

㊔月～土・祝　17:30～24:00（L.O.23:00）
　日曜　17:00～23:00（L.O.22:00）

㊡お盆期間・年末年始

うにいくら御飯 6500円～（時価）

立地も毛蟹も〝おおもり〟衝撃だらけの海鮮居酒屋

―居酒屋 四天王―

じんぺい

大森

大森の住宅街の路地裏にある、隠れた名店という言葉がふさわしい海鮮居酒屋。とにかく魚介料理にこだわっていて、ときにはストレートに、ときには丁寧な手仕事で、素材の良さを際立たせた料理を楽しめるお店です。

その引き出しはかなりのもので、たとえば刺し盛りを注文すると、大皿にドンではなく、小鉢にさまざまな趣向を凝らした刺身が登場。カワハギには肝を和えていたり、カツオにガーリックチップがのっていたり。産地にこだわらず、その時季の旬をとらえた上物の刺身と、それをさらに引き立てる細かい技が驚きの連続です！

そして、名物もインパクト大！「毛蟹のチョモランマ」というネーミング通り、甲羅の上にこんもりと、山のように盛られた毛蟹の身。カニはむくのがとても大変な食材なので、この一皿だけでも相当な仕込みの手間がかかっているはず。すでにむかれた美味しい部分だけを味わえる贅沢に感謝感激です！調理はシンプルかつ大胆に、生きた毛蟹を手早く蒸し上げ、ポン酢で味付け。そのおかげで上品な香りと甘味が、鼻と舌をダイレクトに通り抜けます。その余韻に浸りながら、山形出身の店主が選んだ山形の地酒を流し込めば、まさに猿カニ合戦ならぬ、酒カニ合戦！

シメも、バター風味のウニ土鍋ごはんや毛蟹パスタ、カワハギの肝を和えた海苔巻きなど、腹パン必至なメニューばかりです♡

生牡蠣（時価）
店主の目利きで選び抜かれた牡蠣は、クリーミーでプリップリ！

太刀魚のバター焼き（時価）
肉厚な太刀魚（タチウオ）の身をたっぷりのバターでこんがりと！

DATA

じんぺい
東京都品川区南大井3-19-2 コスモハイツ大森1F
☎03-3763-3988　個室なし
営18:00～24:00（L.O.23:00）
休月曜（臨時休業あり）
※仕入れにより、
毎日メニューと価格が変わります

（手前から）毛蟹のチョモランマ 4200円～、刺し盛 2500円～

酒の聖地に攻めの新星 旬の酒と肴がマリアージュ

― 居酒屋 四天王 ―

月肴 四谷三丁目

（げっこう）

都内屈指の呑兵衛の聖地・四谷三丁目の荒木町エリア。数年前に、そんな激戦区に突如として新星が現れました。それが『月肴』です。こちらのお店は、とにかく日本酒のラインナップがすごい。単に有名な銘柄をそろえるのではなく、時季ごとに「あらばしり」や「ひやおろし」など、旬の知られざる名酒を充実させています。日本酒が好きな人は、もちろん歓喜。詳しくない人でも、気さくでファンキーな金髪の若女将（由紀子さん）に、相談してオススメを聞けば、自分好みの一杯に出会えるはずです。

料理のメニューは、あえて何かに特化せず、誰でも自由に楽しめるよう、懐の広さを感じさせます。それでいて季節ごとにアレンジをかけていて、たとえばメンチカツなら、夏はゴーヤ、冬には椎茸や山菜を入れるなど、美味しく変化します。土鍋ごはんにも、季節の魚貝や野菜がたっぷりと使われて、リーズナデブル&デブリシャス！毛ガニの土鍋ごはんがあるときは、誰でも頼める裏メニューでバターもトッピングできちゃいます。

優しい和食だけでなく、アグレッシブな料理と日本酒の楽しみ方もあるんだと気づかせてくれるのは、女将さんや店主があえて守りに入らず、前向きに攻める姿勢があってこそ。つまり、攻撃は最大の防御、ということですね。

昔ながらの老舗が多い荒木町を明るく照らす〝月肴仮面〟には、今後も期待してしまいます。

長崎県 天然真鯛のお刺身 1100円

刺身とともに、皮目を炙った鯛も。素材の甘味が引き立つ塩でもOK。

出汁巻玉子 760円

優しいダシがしみる、ふわふわ感。そのやわらかさは、もはや飲み物！

デブリシャ～ス！

DATA

月肴

東京都新宿区舟町5-25 TSIFUNAMACHI 1F

☎03-5919-6697　個室なし

㊖18:00 ～ 24:00（L.O.23:00）

㊡日曜・祝日、不定休あり

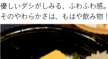

（手前から）甘鯛と松茸の土鍋ごはん 2800円、メンチカツ 1個 500円

居酒屋 四天王

スパイス&ハーブ居酒屋やるき

新中野

すべての料理にスパイス インド人店主のやるき!

メニューには「もつ煮込み」、「串焼き」など、居酒屋の定番メニューが並んでいるように見えますが、テーブルに運ばれてきた料理にびっくり! そう、こちらはすべての居酒屋メニューをインド料理風にアレンジしてしまった、スパイス&ハーブ居酒屋なのです。どんな味がするのかと、恐る恐る食べてみたら、これが意外に美味しすぎて2度目のびっくり!

カレースパイスが入ったもつ煮込みはイヤな臭みがなく、優しさの中に華やかな香りが後追いで。串焼きは、まさにタンドリーチキンを彷彿《ほうふつ》とさせるチキン串に加え、肉々しいカルビのビーフ串など、どれもビールなどのお酒がススむ、ばっちりな相性なんです。

実は何を隠そう、こちらの店主はインド人なので、スパイス使いの本気度もケタ外れ。定番フードがこうも楽しく、異国の姿に変わるのは、決して安易になんでもかんでもスパイスを入れてしまったからではなく、店主・トニーさんのセンスと愛情によって、料理が昇華できたのかと思います。

そして生ビール380円、ハイボール330円、料理も特大骨付きマトンカルビステーキが580円など、とにかくリーズナデブルなのもポイント。お財布を気にせずにガンガンと楽しむことができます。居酒屋とはまさにこのお店のように、気軽に楽しく美味しく太れるカロリースポットのことを言うのでしょう!

特大骨付き
マトンカルビステーキ 580円
手で持って豪快にかぶりつくと、
スパイシー&ジューシー感が炸裂!

パクチーたまご焼き 350円
まさかのパクチーを中にイン。
このお店にルールはありません。

DATA

スパイス&ハーブ居酒屋やるき
東京都中野区本町4-36-7 1F
☎03-6304-8373　個室なし
㊇火〜金　11:30〜14:00 / 17:00〜23:00
月・祝　17:00〜23:00
土曜　16:00〜22:00
㊡日曜（月土祝はランチ営業なし）

（手前から）やるき牛もつ煮込み 480円、串焼き 各180円（ビーフのみ250円）

居酒屋こぼれ話

居酒屋はコスパが良く、気軽に行けるのも魅力のひとつ。水道橋のもつ焼き『でん』は、鮮度バツグンの豚もつを、その日のうちにすべて提供してしまうので、いつでもフレッシュ。だからこそ品切れもありますが、それは鮮度にこだわっている証しです。その数軒隣には姉妹店『いかのでん』があり、こちらは佐渡島から直送したイカの専門店でオススメです。肉と魚、どちらもしっかり楽しみたいなら、築地の『いま津』。上質な魚介と阿波牛を使った「阿波牛のウニ巻き」は、いわゆる流行りの「うにく」を味わえます。居酒屋といえば、欠かせないのがシメのメニュー。それ目当てで行きたくなるお店もありますよね。根津『車屋』の「サバ一本寿司」は、肉厚なサバを使っていて、口の中でサバがぷりんぷりんに踊りだします。いっぽう、三鷹『日なた』の「赤身と中トロの海苔巻き寿司」は、シャリはほんの気持ち程度で、ほぼマグロのみの鉄火巻き！ しかも一本の中に赤身とトロの両方が詰まった、マグロを楽しみ尽くせる逸品です。それらの料理をツマミに、仲間と飲み語り合うのも良いですが、ひとりでしっぽりとお酒を傾けながら、料理と会話してみるのも良いでしょう。

四天王

Chinese food

最強の中華

昼は定食屋、夜は晩酌にと気軽に使える大衆店から、モダンチャイニーズをはじめとする進化系のお洒落中華まで、幅広いジャンルがあります。肉がブームとなっている近年は、絶品の肉料理をメインにした〝肉中華〟という新しい事業も出て来ましたね。

今回大きく取り上げた4つのお店も、それぞれ独自の個性をもっています。王道の本格四川『飄香』、シェフのセンスが光る創作中華『龍圓』、大衆に寄せたカジュアルかつ豪快な『青山シャンウェイ』、知る人ぞ知る隠れ家中華バー『jiubar』。多彩な中華から、ますます目とお腹が離せません！

四川料理の極意を活かした独特なスパイス使いに悶絶

—中華 四天王—

飄香

（ピャオシャン）

銀座

　麻布十番に本店、銀座には鶏料理をコンセプトにした支店があり、最近では六本木ヒルズに『老四川飄香小院』もオープンした四川料理の名店。井桁《いげた》オーナーシェフは、本場四川の名門『松雲澤《ソンユンゼァ》』で修業し、伝統四川料理の継承人の称号を与えられた達人です。特にすごいと感じるのは、体の奥からじんわりと汗が出てきて、箸が止まらなくなる、ドMにはたまらない中毒性。これは独特のスパイス使いによるもので、辛さの中にうまさがあり、ピリッとしたクセになる刺激に、体も敏感に反応します。

　名物の「麻婆豆腐」はもちろん、豪快な肉料理も絶品。なかでも注目なのは、日本で初めて烏骨鶏《うこっけい》を交配させた鶏「おおいた冠地どり」を使った料理です。「山城口水鶏」という、日本では〝よだれ鶏〟の名で親しまれている一皿は必食。しっとりとした滋味深い鶏肉に、複合的なスパイスの麻辣ソースが折り重なり合い、地鶏のふくよかなうまみと、曲線を描いてやってくる辛さとシビれ。そんな刺激的な粒子に埋め尽くされるような、大胆でいて繊細な攻撃ならぬ口撃に、身も心も打ちのめされます。

　他にも、ニンニクとショウガの2種のソースで茹で鶏を味わう「飄香白砍冠鶏」で食べ比べるのも良し、「悪大王のスペアリブ」でワイルドに攻めちゃうのも良し。グルメ業界では最近、「シビれ」が注目されてきていますが、その真骨頂がココにあります！

飄香おみくじ 2600円

何が出るかは、お楽しみ。
盛り上がる「中華おみくじ」。

白子入り麻婆豆腐 3400円

これぞ四川の本格派。時季によっては、白子や上海蟹入りの特別メニューも。

DATA

飄香 銀座三越店

東京都中央区銀座4-6-16
銀座三越12F
☎ 03-3561-7024　個室なし
㊒ ランチ　11:00 〜 15:30（L.O.15:30）
ディナー　17:00 〜 23:00（L.O.21:30）
㊡ 不定休（銀座三越の休館日に準ずる）

（手前から）
四川名物よだれ鶏 2200円、
飄香名物鶏の香り茹で 1/2 3600円

センスあふれる変態シェフのアバンギャルドな創作中華

—中華 四天王—

龍圓 浅草

（りゅうえん）

ここは奇才、またの名を変態（ほめ言葉）といわれる、栖原《すはら》シェフが、ご自身のルーツでもある上海料理を進化させた創作中華が最大の魅力。昼夜ともにコースのみで、旬の食材を織り交ぜたオリジナリティーあふれる料理を楽しめます。

とにかく驚きの連続で、スターターからしてアバンギャルド。それが「エスプーマのピータン豆腐」です。こちらは細かく刻んだピータンとナッツを、ムース状の豆腐と合わせた定番前菜。クリーミーな豆腐がピータンをふわりと包み込む、優しい味わいに心を奪われます。カクテルグラスで提供するビジュアルも美しく、まさに華やかな創作コースの幕開けです。

日本人におなじみのカニ玉も、同店の場合は、ひと味もふた味も違います。それが常識破りの「フランス産 サマートリュフかに玉」。半熟仕立てのカニ玉は、軽い口当たりながらうまみはしっかり。そこにたっぷりかかったサマートリュフは、心地良く鼻から抜けていく上品さで、クラクラきちゃう！

メインには、黒毛和牛と季節野菜の炒めものが登場するなど、五感を喜ばせてくれる要素が満載。

事前に相談すれば、予算に応じてメニューをさらにアレンジしてくれることも。独自の世界を追求してきたシェフだからこそ、その世界にどっぷりハマってしまうともう抜け出せなくなります。そして気づいたら、いつのまにか自分も変態になっているはずです（笑）。

マーボー茄子
（コース内）6000円～
ソースをたっぷり吸ったマーボー茄子は、もちろんオンザライスで攻め立てます！

マツタケの春巻き
（コース内）6000円～
秋の時季にはマツタケを春巻きに！丸ごと入れちゃいます。

DATA

龍圓
☎ 050-5596-3172
東京都台東区西浅草3-1-9　個室なし
㈢ 火～土　12:00～13:30 ／ 17:30～20:30
日・祝　12:00～13:30 ／ 17:30～20:30
㈭ 月曜（祝日の場合は営業、翌日休み）

変態サイコー！

（手前から）和牛もも肉と季節野菜の炒めもの、
エスプーマのピータン豆腐、
サマートリュフかに玉（コース内）6000円～

破壊力抜群の骨付き肉と鉄板チャーハンでパワフルに！

中華 四天王

青山シャンウェイ　外苑前

雑居ビル2階で異彩を放つお店が、外苑前にある『シャンウェイ』です。メニューは豊富で、全体的にエンタメ感のあるカジュアルな個性派中華に仕上がっています。

名物は「毛沢東スペアリブ」。といっても、実はメニュー表には載っていません。つまりは裏メニューなんですが、ほとんどのお客さんが注文するほど愛されています。食べ応えのある骨付きの豚スペアリブを丸ごと揚げたあと、独自のスパイスで炒めるので、とにかく破壊力がバツグンです。

外側はカリッとクリスピーで香ばしく、中はスペアリブだからこその肉汁がしたたるジューシー感。この塊肉をクミンなどのスパイスが華やかな香りで全体を包み込み、カブりつき&デブりつきたくなる美味しさです。辛さもありますが、クセになる刺激なので、お酒とも合わせたくなります。

そしてもう一品のマストメニューが「ウーロン茶チャーハン」です。この料理名もインパクトがありますが、これは同店のウリである鉄板を活かした一皿。ウーロン茶の茶葉や金針菜《キンシンサイ》などと炒めた、風味豊かなチャーハンの上に、鉄板でチャーハンを香ばしく焼いたおこげをのせているんです。このパリパリ&モチモチのコントラストや、香ばしさ、そしてメニューのユーモアもこのお店ならではですね。新駅の高輪ゲートウェイが注目されてきていますが、青山シャンウェイもお忘れなく！

極豚ハツ塩焼き 1200円
高温の鉄板でイッキに火を入れて、プリプリとした食感に！

干し貝柱とふかひれのスープ 980円
高級食材のフカヒレが入っているのに980円。コスパもバツグン！

DATA

鉄板中華 青山シャンウェイ
東京都渋谷区神宮前3-7-5 大鉄ビル2F
☎ 03-3475-3425　個室なし
㊎ ランチ　11:30～14:00
ディナー　18:00～23:00
(L.O.22:00)
㊡ 日曜

毛沢東スペアリブ 980円

こんなところに隠れ家！肉×クラフトジンの中華BAR

―中華 四天王―

jiubar（ジュウバー）

神楽坂

神楽坂のとあるビル3階の一室にひっそりとたたずむ、看板が出ていない隠れ家の中華バー。でも扉を開けると、明るくオシャレな雰囲気で、ギャップに驚きます。

看板メニューは「ジュウバーの肉団子」。素揚げしているので外側はカリッと、そして内側は粗挽き肉がぎっしりでゴリゴリ！　このふたつの食感を優しく包み込むのが、四川伝統の甘酸っぱくて辛い「ユイシャン」風のあんです。隠し味は、乳酸発酵させた中華ならではのオリエンタルな香辛料。仕上げには爽やかな香りの青山椒がふりかけられ、気分まで華やかに。少し濃いめの味付けなので、おつまみにも最適です。

そしてもう一品のオススメが「レバニラ」。一般的な、レバーとニラを炒めたものとは違うんです。プリッとした食感を残したレバーに、サッと油通ししたシャキシャキのニラをのせた、色鮮やかな仕上がり。薄切りのレバーにスパイスフルなソースがコーティングされ、そこへ良い意味でクセのあるニラが好アクセントに。それぞれの素材が放つ多彩な香りが広がり、もう鼻と腹が大変です！

これらの料理も絶品ですが、同店はあくまでも隠れ家のバー。種類豊富なクラフトジンをはじめ、料理にマッチするお酒をたしなむのが前提です。炭酸割りしたジンのシュワシュワとした泡のように、オトナの街の夜も、弾けて淡い恋模様を描くことでしょう。

酢豚 1200円
黒ではなく、まさかの白あん。
しかもサツマイモと合わせるなんて！

モツの麻辣煮込み 780円
麻辣のピリ辛ソースをまとったモツと、
パクチーの清涼感が絶妙にマッチ。

DATA

jiubar
東京都新宿区神楽坂2-12 神楽坂ビル 3F
☎ 03-6265-0846　個室あり
㊢ 17:00 ～翌1:00（L.O.24:00）
㊡ 日曜・祝日

（手前から）
ジューバーの肉団子 680円、
レバニラ980円

中華こぼれ話

今回大きくは取り上げていませんが、もしお金を使うことをいとわないのであれば、ぜひオススメしたいのが『茶禅華《サゼンカ》』です。こちらのシェフは中華の名門『麻布長江』、ミシュランガイド三ツ星の常連『日本料理 龍吟』を経ていて、中華の力強さの中に、どことなくたおやかな和のエッセンスも感じられ、すべての料理がデブリシャス！　お茶とのフードペアリングを推奨している点も秀逸。お茶が華やかな香りとともに、きれいさっぱりと口の中をうるおわせてくれるんです。エクスペンデブなのが悩ましいですが、モダン中華の最高峰だと思います。そんな高級店があるいっぽうで、やっぱりデブの原点は大衆店です。たとえば大門・浜松町にある『味芳斎《ミホウサイ》』。おひとり様ランチでも、夜にグループで行っても気軽に楽しめます。スパイスフルな牛肉飯や、炒め方が絶妙なピーマンレバーをはじめ、豆腐を粉々に砕いた麻婆豆腐は、これが本当の飲み物なんだと改めて気づかせてくれます。そして、味だけでなく量も求めるなら東銀座の『蘭州』へ。同店で大盛りをオーダーすると3倍、特盛りは9倍になるという尋常じゃない破壊力。もうすべてのお店に、YOU！行っチャイナ！(中華だけに)

四天王 Gyoza

最強の餃子

以前に宇都宮で1日12軒の餃子店をハシゴしたほど、実は餃子が大好きなんです。

最近はブームが到来し、昔ながらの王道系はもちろん、餃子バルの台頭で、創作系を出すお店も増えましたね。つまり、おじさんも若い女性も、みんなが楽しめるように進化!

食べ方でいうと、個人的には、最初は何もつけないのが好き。餃子には下味が付いているので、そのままでも美味しいんです。途中からは、酢だけでサッパリと。人によっては酢コショウにつけたりしますが、そうやって自由に楽しめる気軽さも良いですよね。

3倍サイズのズッシリ感！マイベストオブジャンボ餃子

—餃子 四天王—

開楽本店 池袋

池袋の『開楽』は、1954年創業の中華料理店。自分は学生時代から何度もリピートしていますが、いまだに愛し続けている、マイベストオブジャンボ餃子です。

まず驚くのはその大きさ。通常の3倍ほどはあろうかというビッグサイズ！ ぷっくりと丸みを帯びたグラマラスなシルエットに、箸で持ち上げるとズッシリくる重量感。少食なら、餃子3個とライスだけでお腹いっぱいになります。これで1個120円なのは、財布に優しいですよね。

手作りの皮は、ムチッとした弾力豊かなタイプ。あんの状態や野菜の水分量に応じて厚みを変えるこだわりようです。いっぽうのあんは、脂と赤身の割合や粗さも特注した粗挽きの国産豚に、キャベツ、ニラ、ニンニク、ショウガを調合。保存料などは使わない安心の味付けで、素材のうまみも活かされています。また、野菜はあえて粗めにカットすることで、ザクザクの食感に。カリッと焼き上げられたモッチモチの皮を突き破ると、中にはジューシーかつ歯応えが絶妙なあん。この美味なるハーモニーがまさにデブリシャス！

食べ進めていくうえで、卓上にスタンバイしている自家製の豆板醤もお忘れなく。辛さ控えめで甘味の強い豆板醤は、ナイス味変になりますよ！ ちなみに生餃子をテイクアウトすることもできるので、冷凍しておけば、いつでも家で餃子パーチーができちゃいます♡

ジャンボパクチー餃子

期間限定メニューも、不定期で提供。2018年夏に提供していたパクチー餃子は、ソースもパクチー！

テイクアウトの生餃子
5個入り 600円（税込）

店内で食べて味わうのはもちろん、自宅用や手土産にも重宝します。

DATA

開楽本店
東京都豊島区南池袋1-27-2
☎ 03-3985-6729　個室あり
㊢ 月～土　11:00～23:00
(L.O.22:40)
日曜　11:00～22:00（L.O.21:40）
㊡ なし

ジャンボ餃子 1人前 360円

多彩なバリエーション！創作餃子だけのコース料理

餃子四天王

中華料理 帆

馬喰町

中華料理の中でも珍しい、湖州料理を味わえる馬喰町の『帆』。上海の近くにある湖州《コシュウ》は、お肉も魚介も素材本来の味を活かした、あっさりめの味付けが特徴です。寡黙《かもく》に料理を作り続ける店主と、笑顔がチャーミングな女将さんがおふたりで出迎えてくれます。

　こちらでオススメしたいのが、事前予約制のコース料理。前菜以外の10品はすべて餃子という、一風変わった餃子尽くしのフルコースです。見た目はいかにも街の中華料理店といった大衆感ながら、そのクリエイデブはすさまじく、形も具材も見たこともないような斬新な餃子が続々と繰り出されるのです。

　たとえば、あんに砕いたクルミが混ぜ込まれた餃子、皮が小麦粉じゃなくて豆腐でできた餃子、あんかけ餃子、塩水に2カ月間漬けた卵が入った餃子、魚介とバターを合わせた餃子など。湖州料理の枠を超えた、遊び心あふれる餃子はとにかく多彩。季節によって変わり、バリエーションは合計20種以上になるのは驚きです。

　そして「エビとトマトの両面かた焼きソバ」も追カロリー必須。クリスピーに両面を焼き上げたかた焼きそばに、丸ごと煮込んだトマトをトッピング。箸で崩せるほどトロトロになったトマトと、カリカリで香ばしい麺のマッチングが素晴らしいんです、それでいて優しい味わいなので、店名同様に「ほっ（帆）」としちゃいます♡

エビとトマトの両面かた焼きソバ 1500円

豪快なビジュアルの名物料理。トマトはソースの役目で、麺と絡み合います。

餃子は中身も、形もすべて千差万別。無限の可能性を感じます！

DATA

中華料理 帆

東京都千代田区東神田1-3-5 1F

☎ 03-5829-6080　個室なし

㊒ 月～金　11:00～15:00／17:00～23:30（L.O.23:00）

土日祝　17:00～23:30（L.O.23:00）

㊡ なし

手作り餃子づくしコース 1人前4000円
※受付は4名から

餃子バルならココ！ワインと楽しむ自然派餃子

餃子四天王

GYOZA SHACK

三軒茶屋

（ギョウザ　シャック）

近頃増えている〝餃子バル〟で、特に好きなのが『GYOZA SHACK』。こぢんまりとした隠れ家感のある飲食店が立ち並ぶ、三軒茶屋の〝三角地帯〟にあり、グループでも、おひとり様でも、おふとり様でも気軽に入れます。

素材にこだわった創作餃子をワイン片手に楽しめ、その数は10種類以上にもおよぶレパートリー。うまみ調味料を使わず、粗挽きした山形庄内豚と有機野菜で作る定番の「シャック餃子」をはじめ、牛肉100％の「粗挽きビーフ餃子」などの肉感を楽しめるもの、そして「エビとアボカドのオリエンタルパクチー餃子」といった女子ウケしそうなものまで、バラエティー豊か。なかでもマストなのは「ゴルチキ餃子」です。優しくふわっとした食感の鶏肉に、芳醇でふくよかなゴルゴンゾーラチーズがナイスマッチング。ムッチリとした薄皮とのバランスも良く、軽やかな口当たりなので、何個でもイケちゃいます！

すべての餃子は焼き、茹で、揚げを自由に選べるうえに、赤ワインソースやレモンオイルなど、餃子ごとに味付けも変えられて、自分好みのカスタマイズも楽しめます。

餃子のお供といえば、ビールが定番ですが、同店はソムリエでもあるオーナーが厳選したリーズナデブルなワインも豊富。中華の枠を飛び越えて、オシャレに生まれ変わった餃子バルは、SNS時代の写し鏡と言えそうです。

シャック餃子
王道から変わりダネまで多彩。
すべてのメニューを制覇したくなる！

スパイシーラム餃子 580円
ザクザクとしたクリスピーな揚げ餃子。
香ばしくてラム肉系と相性良し。

DATA

GYOZA SHACK
東京都世田谷区三軒茶屋2-13-10
☎ 03-6805-4665　個室なし
㊎ 月～土　17:00～翌2:00（L.O.翌1:00）
　日・祝　17:00～24:00（L.O.23:00）
㊡ 月1日不定休

（手前から）ゴルチキ餃子 3ピース 580円、
シャック餃子 3ピース 390円、
ドルチー餃子（レアチーズ餃子）580円

一度は行きたい餃子の聖地
これぞ最強のパラダイス

―餃子 四天王―

蔓餃苑

荻窪

（マンギョエン）

荻窪の某所にある「招待制高級紳士餃子」。それがグルメファンをして〝餃子の聖地〟と言わしめる『蔓餃苑』です。住所非公開の会員制、かつ1日1組限定と、訪れるだけでもハードルの高いお店ですが、餃子を語るうえでココは避けて通れないので、「いつか行ってほしいお店」として、今回特別に取り上げさせてもらいました。

店主はミュージシャン、アジア唯一の公認サンタクロースなど、さまざまな顔を持つパラダイス山元さん。「餃子の王様」の異名を持ち、関連書籍『うまい餃子』なども出版するほどの達人でもあります。そんな山元さんによって生み出される、アイデア豊富で独創的な餃子の数々は、驚きの連続！

たとえば、大ぶりな海老のシッポが皮から飛び出していたり、本シシャモを1匹丸ごと皮で包んでいたり、ウニとイクラを贅沢に使ったり。サザエ餃子にいたっては、貝殻の中に餃子が入っていて、ムニッとした貝の身とビターな肝、そしてコクのあるバターが絶妙に合わさり、デブリシャス！

すべてに共通しているのはクリエイティブなバランス感覚。ワクワクするような遊び心がありながらも、奇をてらっているのではなく、食材の相性が緻密《ちみつ》に計算されていて、完成度の高い料理として成立しています。食のエンタメともいうべき、皮の中に広がる無限大の〝小宇宙〟に、いつか一度は飛び込んでみてください！

子持ちロブスター餃子
とても餃子とは思えないビジュアルで、新たな世界に誘われます。

北洋vs南洋ゼナキング海鮮餃子
海の幸はもちろん、栄養ドリンクのゼナキングも隠し味に使っちゃう！

また行きたーい！

DATA
蔓餃苑（まんぎょえん）
※会員制のため非公開

（手前から）おかひじき餃子、
海老アボカド餃子、サザエ餃子

餃子こぼれ話

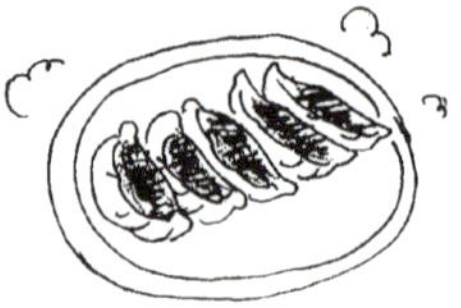

さまざまな餃子を紹介しましたが、やっぱり王道は、厚めの皮と、飛び出す肉汁を楽しむ中華餃子でしょう。葛西の『独一処餃子』はその典型。焼・水・蒸・揚の約20種類から選べるのですが、どれも皮の弾力感が素晴らしく、ひと噛みすれば肉汁ブシャー！ 飯田橋の『PAIRON』もモッチリした皮が絶品。あんにシナモンを混ぜ込んだ餃子など、遊び心もあって面白いですね。そして創作系では、亀戸・水道橋の『藤井屋』のパリパリ食感に仕上げた、チーズの羽根付き餃子もオススメです。新橋の『神戸餃子 樂』では、皮が薄めで軽やかな餃子を、味噌ダレやレモン塩などで味わいます。同店のイタリアンハーブ餃子は、オリーブオイルと塩で食べる進化系。池尻大橋『黄金鉄鍋餃子 HUG』のチーズフォンデュ餃子も新店として注目です！ そうそう、個人的にはオンザライスもハズせません。白米が一番ススむと思っているのが、知る人ぞ知る、大鳥居『龍門』の餃子。ニンニクたっぷり、油と肉汁で揚げ焼きする餃子は、皮に肉の味がしみ込んだ一体感で、これはもう白米と合わせることが大前提！ 餃子の「餃」は「食」べて「交」わると書く通り、みんなで美味しい餃子を食べて交流したいですね。

四天王

Ramen noodle

最強のラーメン

発祥は中国ですが、もはや日本を代表する食べ物のひとつ。
欧米ではラーメン店に行列ができていますし、
ニューヨークではカップルのデートスポットに。
それだけ世界的に注目されている料理なんです。
大きな魅力は、素材のうまみを凝縮させ、ダシを複合的に重ねる
絶品スープと、そこに絡む多種多様な麺とのハーモニー。
味わいも濃厚から淡麗までレンジが広く、醤油、塩、味噌など、
日本の定番調味料を使ったものから創作系まで多彩です。
つけ麺、まぜそば、冷やし麺などもありますし、
イケてる麺＝イケメンは増えるばかりです！

琥珀 900円

ラーメン 四天王

楽観 NISHIAZABU GOLD 西麻布

重ね合わせた究極の醤油がここにあり！

こちらに初訪問した際、あまりのスープの美味しさに感動して、ひとりで2杯食べてしまいました。当時、西麻布から立川に移転し、その後、2016年に西麻布で『楽観 NISHIAZABU GOLD』としてパワーアップして復活してくれたんです。

醤油ラーメンは「琥珀」という名の通り、見た目もビューティフル。澄んだスープは、うまみだけが複合的に重なり合って凝縮しています。前面には鶏ガラのしっかりしたコク。その奥には魚介のやわらかな香りが広がり、癒やしを感じる心地良さ。さらには、オリーブオイルと焦がしニンニクも加わり、飲み干したくなる完成度です！

麺はスープに合うよう特注した、ほどよく芯のある中細タイプで、ドンピシャな一体感。添えられたシャキシャキの刻み玉ネギも絶妙で、清涼感を演出します。その研ぎ澄まされた味は外国人も魅了しているようで、同店はLAにも店舗を展開しているとか。日本食材の代表といえる「醤油」で、世界に実力を見せてほしいですね。Show you！（醤油だけに）

DATA

楽観 NISHIAZABU GOLD

東京都港区西麻布1-8-12

☎ 080-4059-6667（予約不可）個室なし

㊎ 月～土・祝 11:00～22:00 日曜 11:00～17:00

㊡ なし

ラーメン 四天王

神保町黒須

神保町

洗練されたクリアな塩がここにあり!

透き通って一切の雑味がない、洗練されたスープとはまさにこのこと。重ね合わせた醤油ラーメンが「作られた風景」だとしたら、シンプルな塩ラーメンは一点の曇りもない「澄みわたる青空」。まさに引き算の美学とも言えます!

決め手となっているのはハマグリ、乾物、大山地鶏のダシです。そして輪郭を強調する6種の塩。水も嫉妬してしまうほど透明感のあるスープは、上品で洗練されたクリアな味わいがデブリシャス! 麺は北海道産石臼挽きの全粒粉を使った、つるんとしたしなやかな食感で、極上のスープとしっかり手を取り合います。

また、同店はレアで美麗なチャーシューも絶品なのですが、それをおトクに食べる方法があります。それが、150円という格安の「肉飯」。これは数量限定なので、オープン直後を狙うのが良いでしょう。

2016年にオープンしてから間もないのに、これだけ最高峰の塩ラーメンを提供しているのは、もう末恐ろしいほど。今後も続く、黒須さんの道(クロスロード)を楽しみにしています。

DATA

神保町 黒須

東京都千代田区
神田神保町3-1-19
☎ 非公開　個室なし
㊖ 11:00～15:00
㊡ 日曜・祝日

味玉塩蕎麦 930円

贅沢濃厚味噌らぁ麺
1100円（税込）

ラーメン 四天王

みそ味専門 マタドール

北千住

牛骨スープのパワフルな味噌がここにあり！

同じく北千住にある『牛骨らぁ麺マタドール』の姉妹店として、味噌ラーメンに特化。牛骨スープのピュアなコクと香りに、うまみの強い味噌を合わせ、今までにない一杯にチャレンジしています。

バランスを考え、あえて味噌の中で最も塩分が少ない西京味噌をベースに、信州味噌などもブレンド。そしてこれらの甘味やコク、香りが融合した濃厚スープに負けないよう、麺は平打ちの中太タイプで、これまたベストマッチです。

ただ、巧みな素材使いはそれだけではありません。関西ではよく使われる、アブラカスという牛ホルモンの唐揚げ。これを入れることで、時間とともにうまみが溶け出し、さらに牛の存在が浮かび上がって飽きない美味しさに。また、爽やかなトマトなども入ることで、重みはあっても後味にクドさは皆無。具材には豪快なローストビーフや牛バラチャーシューも入り、とにかく牛への愛とセンスの良さに脱帽します。

牛の魅力がギュウッと詰まった、モ〜たまらん美味しさです！

DATA

みそ味専門 マタドール
東京都足立区千住旭町43-13
☎ 03-3881-3122（予約不可）
個室なし
㊔ 月〜土　11:30 〜 22:30
日・祝　11:30 〜 16:00
㊡ なし

夜は呑めるよ

—ラーメン 四天王—

ふるめん

六本木一丁目

味が変化していくイリュージョン担担がここにあり！

西麻布の日本料理店『ふるけん』が手がける、和食ならではのアプローチが光るお店。醤油や塩ラーメンも美味しいのですが、デブのイチオシは表情を変える担担麺！

提供時は白いルックス。ゴマの香り漂うクリーミーでマイルドな優しい味です。そしてこのスープに絡むのが、全粒粉で芯のあるムチッとした麺。これだけでも美味しいのですが、担担麺としてのパンチが欲しいところ。そこで、中央に添えられた味噌の出番です。溶かすと甜麺醤《テンメンジャン》のような甘味とうまみ、そして山椒のピリッとした刺激が加り、デブリシャス！

やわらかくジューシーな鶏チャーシュー、ザクザクのたくあんやザーサイなどで食感に変化も。そして、終盤にぜひかけたいのが高菜ラー油。ビリリッとした直線的な辛さがプラスされ、最後の最後に担担麺として完成するんです！

いきなり完全版が出てくるのではなく、食べ進めて一緒にゴールを迎えるのは面白いですよね。斬新で画期的なイリュージョンに、心も鮮やかに彩られました。

DATA

ふるめん
東京都港区六本木3-4-31
六本木レジデンシーズ1F
☎ 03-3585-1616（予約不可）
個室なし
㊖ 月～金　11:30～15:30／18:00～翌3:00
土・祝　11:30～15:30／18:00～22:30
㊡ 日曜

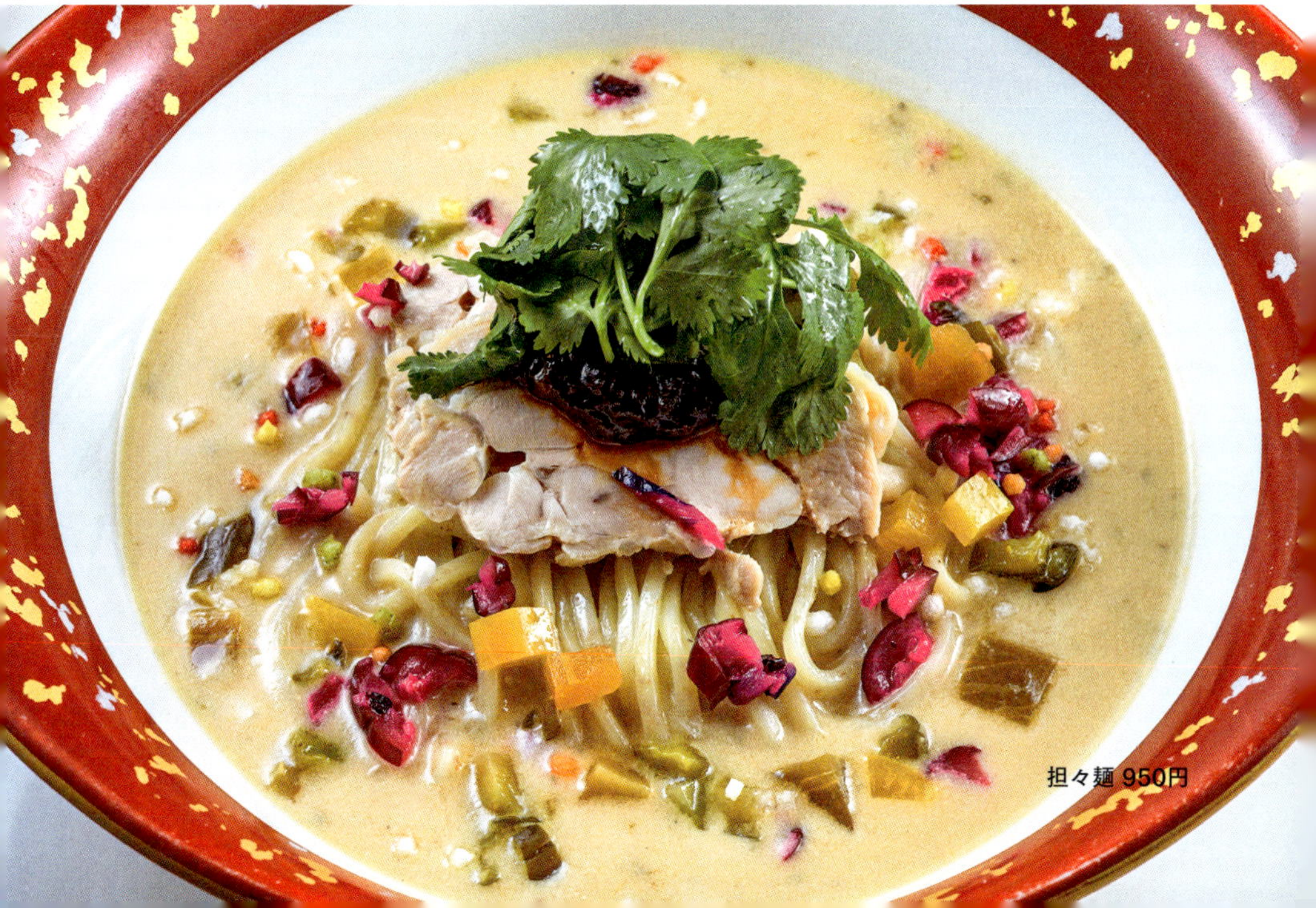

担々麺 950円

ラーメンこぼれ話

全国各地で独自に発展した、ご当地ラーメンも見逃せません。有名どころは札幌、博多、喜多方などですが、デブが愛してやまないのは、“日本一ごはんがススむラーメン”といわれる徳島ラーメンです。甘辛く味付けされたすき焼き風の豚バラ肉と生卵に、こってりとした豚骨醤油スープ。東京で楽しむなら高円寺の『中華そば JAC』がオススメです。また、新潟から東京に進出した、麻婆麺の『三宝亭』。うま辛でトロトロの麻婆スープが麺と見事に絡み合い、これもごはんのオカズになります。麻婆麺としては大阪でもブームの兆しがありますね。他にも、ピリ辛系のご当地麺には、汁なし担担麺があります。特に札幌から銀座に進出した『175°DENO担担麺』と、広島から芝と銀座に進出した『キング軒』が実力派といえるでしょう。そして、ラーメンで新境地を開拓しているのが、ラーメンクリエイター・庄野智治さんが手がけるMENSHOグループ。羊などの珍しい食材を使った独創的なラーメンには驚かされるばかりです。ちなみにつけ麺なら、亀有の行列店『道』から独立した、門前仲町の『縁道』は穴場です。好みが分かれるジャンルですが、ぜひ自分好みの一杯を見つけてください！

亀田興毅 × フォーリンデブはっしー

最強の肉対談！

短期間で通うことがお店と仲良くなるコツ

食べ歩き仲間であり、「肉の師匠」と慕ってくれている亀田興毅さんと、お互いに大好きな焼肉店の祐天寺『三宿トラジ』（P26）にて、肉対談を開催しました。

はっしー（以下：は） 今回は対談よろしくお願いします！ と、言いつつ、この前も一緒に広尾の『鳥さわ22』に焼鳥を食べに行ったばかりだよね。興毅とはよく肉を食べ歩いているので。

亀田（以下：亀） なんやかんや、たくさん行ってますね〜。

は 「食べログ」のグルメ著名人枠で『亀田興毅の肉王への道』も執筆しているし、今度は肉のチャンピオンになっちゃうのかな？

亀 でも肉王への道は険しいっすよ。その遥かなる頂に立っているのがはっしーさんなんで！

は いやいや。まだまだだよ。

亀 最初のきっかけは大毅（亀田三兄弟の次男）ですよね。大毅も、はっしーさんのブログやインスタをよく見ていたので。

は そう、大毅とも仲良くさせてもらっているけど、たしか興毅との初めての出会いは、肉フェスのステージだったね。

亀 この『三宿トラジ』も、大毅がはっしーさんに連れていってもらったというお店で、「世界一のハラミを食べた！」って言うもんやから、どんなもんじゃいって、自分も行ったら、あまりに仕上がってて驚きましたわ！

は そうそう。でもその後の興毅はスゴかったね。知らない間に店主さんとLINEを交換する仲になっててさ。懐に入るスピードは、さすが世界チャンピオン（笑）。

亀 通い詰めて、接近戦でね（笑）。

は 短期間で何度も行くと、お店と仲良くなりやすいよね。

亀　たしかに！　大衆系とかね。

は　前に興毅が教えてくれた大阪の焼肉店も、通って開拓したの？

口の中で完成するのが焼肉という料理でしょ

亀　気に入ったら何度も行くタイプだから、そうかも。でも、二十歳になる前に東京出てきたから、数は多くないんですよ。

は　西成の『くいや』さんとかさ、穴場もよく知ってるよね。堺の『おさむちゃん。』とかの有名店も、昔から通っていて常連だし。

“興毅は肉に対してストイック 焼肉にも信念が感じられる”

亀　『おさむちゃん。』は予約取りづらくなっちゃいましたね～。

は　大阪は店主がひとりでやっている名店が多いね。あと、タレ焼肉の文化だから、タレがイイ！

亀　そしたらタレも勉強しますから、教えてください！

は　焼肉において、大事なタレって3つあるのね。まずはモミダレ、そしてツケダレ。じゃあ、最後のひとつって、なんだと思う？

亀　え…？　なんでしょ？

は　正解は…ヨダレ（笑）

亀　嘘やん！　おもろいわ～！

は　噛むとヨダレが出て、ひとつになるでしょ。口の中で完成する料理が焼肉じゃないかなって。

亀　なるほど！　さすがやな～！　これ、使わせてもらいますわ～。

は　じゃんじゃん使っていいよ。でもマジメな話、タレは本当に重要だね。焦げやすくなるから、焼き方を見極めないとだけど。

亀　たしかに。一般的にはホルモンの焼き方が難しいと言われてますけど、コツあります？

は　皮目からだね。特に、脂身がよく付いている小腸は皮目をパリっと焼いてひっくり返す。そこからどれだけ脂を落とすかがポイントだね。そこはお好みで。

亀　脂の減量ですね（笑）。

は　そうそう！　どれだけ脂をいじめぬくかっていう（笑）。

亀　焼き方って、マジ大事ですね。

は　良質なお肉さえ仕入れてればいいってわけじゃないからね。お店側のカットと、自分で焼くテクニックも大切だから。

亀　お店によって焼き台も、網も、肉のカットも味付けも千差万別。ボクシングと一緒ですね。

は　おぉ、そこまで言う？

亀　網はリング。相手はアウトボクサーもいればインファイターもいて、どんなスタイルで来るかは分からない。それに応じてこっちの戦い方を合わせていくのがボクシングですから。

は　なるほど～！

亀　そこでいうと、どんな焼き台や肉でも瞬時に見極めて、最高の状態に焼き上げるはっしーさんはやっぱり王者や。肉業界のメイウェザーですわ（笑）。

は　いやいや、褒め過ぎでしょ。

亀　フィニッシュブローは、オンザライス（笑）！

は　言うね～。ありがとう!!　いつもこんな感じだから、興毅とは笑いが絶えないよね。

“はっしーさんは肉業界のメイウェザーだと断言できますわ！”

炭火は熱源の位置を見極めることが大切

亀 ふふ。はっしーさんにはいつもいろいろな質問してますけど、たとえば、このお店の炭火の場合はどうやって攻略しますか？

は 炭火は、炭の状態をまず見るね。温度がガス火のように一定じゃなくて。網の場所によって、火力の強弱が違うの。

亀 それを見極めるには？

は 網の10㎝ぐらい上に手をかざして、3秒ほど我慢できる熱さがベストな位置。これぞ〝オールウェイズ3秒目の炭火〟！

亀 ウマい！ 手数が多いな〜！

は まぁ、タレを網の上にちょこんとつけて、タレの踊り方で温度を見たほうが早いけどね。

亀 焼くのもマジで上手やし。

は 焼くのが好きだからね。あと、自分の好きなお店に友人を案内したら、やっぱり最高の状態で食べてもらいたいからね。

亀 場数踏んでるからっすね。焼き方もいい店も、何聞いても全部返ってくるし、スゴいっすわ。

は 興毅は焼肉以外では、好きなジャンル増えてきた？

亀 この前も一緒に行きましたけど、それこそ焼鳥ですわ。

は 『鳥さわ』、美味しかったね！

亀 牛の部位はマスターしてきたけど鶏はまだなんで、勉強っすね。

は いろんな部位を食べるなら、二子玉川の『酉たか』（P66）がオススメだよ。希少部位を含めて30種以上あるから。個室もあるし、今度行こ！

亀 ぜひぜひ！ じゃあ他には、豚だとどこがいいっすか？

は たとえば、サムギョプサルだったら新宿の『TEJI TOKYO』かな。ここはスペインのイベリコ豚や、ハンガリーの国宝・マンガリッツァ豚、中国の梅山豚《メイシャントン》など、世界の豚肉の食べ比べができるの。つまり、ワール豚《トン》カップが開催！

亀 また出た（笑）！ これもお店と一緒にメモっとこ〜。

食べログの3.0〜3.3に隠れ名店あり

は でも、興毅オススメの関西のお店も知りたいな。遠征とか行きたいよね。ジビエにも注目してるんだけど、地方に名店が多くって。

亀 へぇ〜！ たとえば？

は ジビエで一番感激したのは、滋賀県『比良山荘《ひらさんそう》』の熊鍋！

亀 熊っすか！ どんな味？

は 熊の脂が、深みのあるキャラメルのような甘味で。この脂が溶け出たスープが、本当に最強。

亀 食べたい！ 遠征しましょ！

は うん！ 滋賀や岐阜のあたり

だと、ジビエの名店が多いしね。

亀　全国的に知っててさすが！

は　いや〜、まだまだ開拓中だよ。大阪も行きたい店いっぱいあるし。

亀　大阪で行った店だと、どこがお気に入りっすか？

は　安くて美味しい大衆店だと、焼肉の『萩之茶屋鶴一』とか。

亀　あぁ〜いいっすね！　そこは昔から親父と行ってましたわ。

は　『おさむちゃん。』でフルコース食べた後にハシゴしちゃった。

亀　焼肉ツアーもいいっすね！　でも、普段はいい店ってどうやって探してるんすか？

は　ネットで下調べはするよね。食べログは点数の高さじゃなくて、少人数でも地元の人に支持されているお店はなんだかニオう。

亀　それこそ大阪の『くいや』とか、そうですよね。

は　あんないいお店なのに、点数は高くないでしょ。これは自分の持論だけど、3.0〜3.3の間に名店が眠ってるから。ここをいかに開拓できるかだね。

亀　さすが、仕上がってる！

は　興毅はそういうお店も詳しいよね。前から思っていたけど、興毅は肉に対してストイック。焼肉にも信念が感じられるよね。

亀　好きなものはとことん突きつめたくなりますからね。また焼肉ツアーで仕上がりましょう！

後日談

その後すぐに、八王子市にある大幸園(P14)まで一緒に肉遠征。

亀田興毅

亀田三兄弟の長男。日本人初の世界3階級制覇を果たした元プロボクサー。現在は所属の協栄ジムでTFC(東京ファイトクラブ)イベントプロデューサーを務める。肉を中心とした食べ歩き好きが高じて「食べログ」内の著名人枠で『亀田興毅の肉王への道』を発信している。

四天王

Italian

最強のイタリアン

日本でも各地に郷土料理があるように、
イタリアにもそれぞれの地に根付いた料理があります。
北と南では食材や料理の顔つきがまったく違いますし、
ボローニャでボロネーゼが生まれたように、
その土地ごとの名物もあります。
なにげに、ミラノは東京のように、
とんかつならぬミラノ風カツがあったり、
ナポリには、大阪と同じ粉モンのピッツァがあったり。
似ていないようで似ている、不思議な共通点ですね！
高級店から大衆食堂まで、
幅広いのも、イタリアンと日本料理の特徴。
日本人に愛されるのには、理由があったのですね！

—イタリアン四天王—

Pepe Rosso

三軒茶屋

（ペペ・ロッソ）

本場を再現した郷土料理は日本人に媚びない本格派！

こちらのベースになっているのは、「イタリア料理店ではなく、イタリア郷土料理店」という考え方。華やかなイタリアンに迎合することなく、料理長が現地まで足を運び、マンマ（お母さん）やシェフに教わってきた料理をそのまま再現しています。日本人の口に合わせるためのアレンジを一切しないのも特徴で、そのストイックさには脱帽です。お肉をはじめとする食材の仕入れだけじゃなく、芸術家肌の今井和正シェフが選んだ一点モノの食器など、アートもミートも楽しめちゃうわけです！

オススメのメニューは、内臓を使った料理と、手打ちパスタ。大判にカットされた牛ハツのグリルは、絶妙なレア加減で仕上げられて、ハツならではのザクザクッとした食感と、豆の甘いソースが絡み合います。また、トリッパ（牛の胃袋）は定番の煮込みだけじゃなく、卵でとじたり、カラッと揚げてフリットにしたり、どれも多彩！

手打ちの自家製パスタは、木箱にディスプレイされた20種類以上の麺から選べるという、まさにこれはパスタの見本市。スタンプのように刻印して模様を付けるパスタ「コルツェッティ」など、変わりダネもたくさんあり、パスタの多様性を感じます。断面が四角い「トンナレッリ」というロングパスタを、チーズとコショウで味付けた「カチョエペペ」も美味しく、豊富なワインも止まらなくなるので、もはや気分はイタリア旅行です♡

ダブルマグナム 1280円

日本ではなかなか見かけない、
知られざる銘柄ワインにも出会える！

トリッパの卵とじ 1280円

トリッパを半熟卵で包み込み、
レモンの風味で爽やかに。

DATA

Pepe Rosso

東京都世田谷区太子堂1-12-23
第一ゴールドビル1F
☎ 03-3424-4230　個室なし
㊪ ランチ　11:30～16:00
(L.O.15:00)
ディナー　17:30～24:00
(L.O.23:00)
㊡ 日曜（定休日の貸切応相談）

（手前から）牛ハツのグリル1580円、
カチョエペペ980円、トリッパのフリット1180円

デートなミートにも使える ムーディーな肉イタリアン

―― イタリアン 四天王 ――

CarneSio east 恵比寿

（カルネジーオ　イースト）

肉料理をウリにする「肉イタリアン」が台頭してきた昨今。代表格の『タンタボッカ』の姉妹店として、恵比寿に2店舗を構えるのが『カルネジーオ』です。2018年にオープンした「イースト」は、その名の通り恵比寿駅の西側にあり、こちらは薄暗い照明のムーディーな雰囲気。保健所の許可を取った合法生肉など、こだわりの肉料理が楽しめます。

オススメ料理はたくさんありますが、「富士鶏の焦がしバター焼き」もそのひとつ。しっとりやわらかい鶏のムネ肉に、グツグツと泡立つ高温のバターソースをまとわせ、登場したときに解き放たれる香りだけでワインが飲めます。追加でバケットをつけることもできるので、肉のうまみがしみでたバターをたっぷりと余すことなく吸わせちゃいましょう。

そして、忘れちゃいけないのが合法生肉。安心安全な和牛の刺身や、外は火が通っているけど中が真っ赤な生肉のレアハンバーグなど、生肉ラバーなら歓喜です！

もちろん、薄切りで溶けていく生ハムや、ワイルドなステーキ、肉じゃないけどカラスミをたっぷりかけたパスタなど、他の料理も間違いなし。それでいて、バルのような気軽さがあり、カジュアルに飲み食いできるのもポイントです。ボトルワインも2800円〜とリーズナブルなので、これはもう、恵比寿でデートなミートはココで決まりですね！

和牛モモ肉の炭火焼き 100g 2000円

赤身の肉々しさと、和牛のジューシー感。ポテトフライもセットで、カロリーキープ！

和牛レアグリルバーグ 1600円

パッカーン割ると、ユッケのように、真っ赤な合法生肉が！

DATA

CarneSio east

東京都渋谷区恵比寿1-11-5 GEMS恵比寿3F
☎ 050-3184-4331　個室あり
㊝ 月～金　17:30～翌2:00
（最終入店24:30 L.O.翌1:00）
土・日　17:30～24:00（L.O.23:00）
㊡ 日曜

富士鶏の焦がしバター焼き 950円

フォト魚《ギョ》ニックなプレートで海鮮イタリアンをカジュアルに

―― イタリアン 四天王 ――

ARBOL 虎ノ門

（アルボール）

神楽坂に本店を構える人気レストラン『アルボール』、その唯一の支店がこちら。本店は野菜を中心に据えたイタリアンですが、虎ノ門ヒルズ店の主役は魚介類。気軽なバルスタイルで、新鮮な魚介をふんだんに使った華やかな料理を楽しめます。

必ず注文したいマストアイテムが、「オーシャンプレート」と名付けられた、シーフードプラッター（魚介の冷製盛り合わせ）です！

メニューブックに「全国各地の美味しいお魚」と説明がある通り、ひとつひとつが選び抜かれた精鋭ながら、この大きな皿の上では、旬の海鮮がオールスター戦をくり広げているわけです。たとえば、オリーブオイルと塩でシンプルに魚の新鮮さを実感できるカルパッチョがあれば、濃厚でまろやかなウニのフランなどの技巧派もいて、その顔ぶれは季節ごとに変わります。フォトジェニックならぬ、フォト・魚ニックとも言えるルックスなので、SNS映えも確実でしょう！

こんなに豪華な内容とボリュームなのに、この価格で本当にいいの？ と思うほどコスパが良いのも嬉しいポイントです。魚以外にも、本店の屋上に菜園を作るほど野菜にもこだわっている同店なだけに、三浦半島の朝獲れ野菜を使った料理として、バーニャカウダなども必食です。ただし、野菜は食べ過ぎると痩せちゃうので、私のように太りたい人は要注意です！（量でカバーしましょう）

サーモンのミ・キュイ 1200円
しっとりなめらかな、レアに仕上げたサーモンと、フレッシュな三浦野菜が、お皿を鮮やかに彩ります！

ワタリガニとトマトクリームのパスタ 2000円
ワタリガニたっぷりのソースが、アルデンテな麺と絡みまくり！

DATA

ARBOL 虎ノ門
東京都港区虎ノ門1-23-3 虎ノ門ヒルズ森タワー 2F
☎ 03-6257-1145　個室なし
㊔ ランチ　11:00〜15:00　（※ランチは予約不可）
　ディナー　17:00 〜 23:00
㊡ 不定休（虎ノ門ヒルズ森タワーに準ずる）

オーシャンプレート
3000円

旬の食材を軽妙トークで味付け 通いたくなる、たまイタリアン

―イタリアン四天王―

たまキャアノ

門前仲町

店内はカウンター9席だけ。深川二丁目の路地裏にある、知る人ぞ知る名店です。店主の〝たまさん〟が作るイタリアンは、どれも食材にこだわった本格テイストなのに、どこかホッとするような家庭的な優しさがあります。普段はすべてのメディア取材を断られていますが、今回は特別にご紹介させていただけることになりました。

食材は市場で仕入れた旬のものを使うため、料理は季節ごとに変わります。カウンターに並んだ利益度外視の格安ボトルワインと、それに合わせる料理を黒板から選ぶスタイルです。「黄金ポークのサルティンボッカ」は、肉々しくジューシーな豚肉に、とろ～りモッツァレラチーズと生ハムをオン。お皿に敷かれたトマトソースがフルーティーな爽やかさをプラス。その彩りのある美味しさに胸と腹が打たれます。その他の前菜、パスタ、デザートなど、それらはどれも今の時代を意識したような派手さはないけれど、たまさんの愛情だけは何倍も多く入っています。

ゲスト目線のおもてなしも素晴らしく、着席したお客さんの目の高さがたまさんと同じになるよう、キッチンの床が低くなっていることにも、それが表れていますね。自然とお客さん同士も仲良くなり、以前たまたま隣の人が誕生日だったので、ノリでボトルワインをプレゼントしちゃったことも。ここに来れば、誰もが会話もお腹も、弾んでしまうことでしょう！

新玉ネギのスープ煮（季節限定）800円

「これジュース？」と思ってしまうほど、新玉ネギの優しい甘さ。

イワシとトマトのシチリア風パスタ 1200円

イワシのうまみとトマトの爽やかさ。むっちむちな太麺と絡み合います。

DATA

たまキャアノ

東京都江東区深川2-18-12

☎ 03-3641-1542　個室なし

㊁ 18:00 ～ 23:00

㊡ 月曜・日曜・祝日

（手前から）黄金ポークのサルティンボッカ 1600円、
2種のピーマンのクリームパスタ 1400円

イタリアンこぼれ話

「イタリアン」と言っても、本当にさまざまなタイプがあって面白いですよね。料理はもちろんですが、空間やコンセプトが魅力のお店もたくさんあります。ここでは、シーン別にオススメのお店をご紹介しましょう。オシャレに記念日をお祝いするなら、汐留の『フィッシュバンク東京』。高層階から東京タワーや銀座の夜景を一望できてムード満点。天井が高く開放感のある空間で、創作イタリアンを堪能すれば、セデブレーションは完璧です。まるでイタリア旅行に出かけたような、本場さながらの雰囲気を味わうなら『トラットリア ダル・ビルバンテ・ジョコンド』。味も盛り付けも空間も、目黒の中にイタリアが！ と思うぐらい本格的な郷土料理を堪能できます。深夜までカロリーを追い込みたいときは、西麻布の『ダルマット』。シェフの感性でハイセンスな料理を楽しめる深夜食堂です。もっとカジュアルに創作系パスタを楽しみたいなら、中目黒にある『イタリアンバル マルテ』。黒コショウたっぷりの「スパゲッティ辛ボナーラ」や、たっぷりの生ウニを混ぜ合わせる「ウニのグチュグチュスパゲッティ」など、エンターテインメントな料理で、心もお腹も躍りだします！

ツートップ

pizza

最強のピッツァ

食べ応えのある生地に、とろ～りチーズ。
この組み合わせが好きな人は多いでしょう。
ところでピッツァと聞くと、豪華な具材に目がいきがちですが、
重視しているのは、生地と具材の一体感。
特にそのベースとなる生地が、
ピッツァの美味しさを左右する、一番のポイントだと思います。
窯はやっぱり、本格的な石窯が良いですね。
ガス窯の技術も進歩していますが、個人的には石釜の香りが好きです。
高温でイッキに焼き上げた生地は、ふっくらモチモチ。
思わず「デヴォーノ!」と叫んじゃいます!

マルゲリータ 1500円

BELLA NAPOLI 森下

（ベッラ　ナポリ）

生地の最高峰！未体験のふわモチマルゲリータ

生地の美味しさを求めるなら、間違いなく『ベッラ ナポリ』です。約2分という短時間で焼き上げられた石釜焼きのピッツァは、驚くほどふっくらモチモチ！本場ナポリだと耳を残すのはマナー違反ではありませんが、誰もが耳まで残さず食べたくなります。

絶品ピッツァの中でも、「マルゲリータ」は生地やソースをシンプルに楽しめる定番。ミルキーなモッツァレラチーズ、フルーツのように甘いフレッシュトマト、そして爽やかなバジルが、おたがいの良さを引き立て合い、渾然一体となって広がります。

前菜やパスタ、デザートも充実していますが、私はこのお店では、他の料理はスルーして、いきなりピッツァ！それだけでおなかをいっぱいにしたいぐらい好きなのです。「クァトロ フォルマッジ」や「カルツォーネ」も絶品ですよ。ちなみにピッツァが美味しさをキープできる時間は長くありません。撮りたい気持ちよりも、太りたい気持ちのほうを高めて、焼き立てを手早くいただきましょう♡

DATA

BELLA NAPOLI

東京都江東区高橋9-3

☎ 03-5600-8986　個室なし

㊤ 火～土　18:00 ～ 22:30
（L.O.22:00）
日・祝　17:00 ～ 21:30
（L.O.21:00）

㊡ 月曜（年末年始・夏季休業あり）

NAPOLI STA' CA" 駒沢大学
（ナポリスタカ）

本格派なのに楽しい遊び心がいっぱい！星型のピッツァ

『ナポリスタカ』は、凄腕のピッツァ職人・ペッペさんが営むお店。店内の石窯で焼き上げる、一風変わった星形のピッツァ「ドンサルヴォ」が看板メニューです。

　真ん中の部分は、水牛のモッツァレラチーズで作るマルゲリータ。トマトソースは素材の甘味が際立ち、爽やかな酸味とのバランスが絶妙。トロットロのモッツァレラと、モッチリして香ばしい生地との一体感も完璧です！

　そして気になる星の先端部分には、丸めた生地の中に、リコッタチーズとサラミを入れています。まるでカルツォーネ（ピザに近い生地で具材を包んで焼くイタリア料理）のような味わいに。ふたつの味が合わさった"ハイデブリッド"なピッツァの美味しさに感激して、思わず翌日も再訪してしまったほどです！

　他にもペッペさんの遊び心とセンスが光るメニューがズラリ。

　本場ナポリをイメージした、青が基調の明るい店内で、ワインも手にして、「陽気」に「酔う気」になっちゃいましょう！

DATA

ナポリスタカ 駒沢店
東京都世田谷区上馬4-5-1
☎ 03-5787-6475　個室なし
㊝ 火～金 11:30～14:00（L.O.）／18:00～22:00（L.O.）
土日祝 11:30～14:30（L.O.）
土曜 18:00～22:00（L.O.）
日・祝 18:00～21:00（L.O.）
㊡ 月曜（祝日の場合は営業、翌日休み）

ドンサルヴォ 2350円

ピッツァこぼれ話

今回は比較的オーソドックスな味付けのメニューをピックアップしてみましたが、いろいろな具材をトッピングできる、バリエーションの豊富さもピッツァの魅力ですよね。「やっぱり肉がのってないと！」という肉食系なら、三軒茶屋の『ラルテ』がオススメ。自家製ポルケッタ（イタリア料理におけるチャーシューのようなもの）が敷きつめられた“肉ピッツァ”を注文しましょう。程よい塩気と肉のうまみが生地の美味しさを引き立てる、肉好きなら誰もが喜ぶであろう逸品です。また、ソースを最大限に楽しみたいなら、永福町にある『マッシモッタヴィオ』もオススメ。生地を丸めて受け止めないと、お皿に流れ出てしまうほどソースがたっぷり。さらに、ピッツァは「イタリア料理の一部」という考え方もできます。それなら、築地の『トゥットベーネ』。同じく築地にある予約困難なイタリアン『パラディーゾ』の姉妹店なので、石窯で焼く魚介ピッツァはもちろん、パスタやデザートもハイレベルで、海の幸たっぷりのフルコースを堪能できます。ナポリスタイルではない、アメリカのジャンクなピザもそれはそれで美味しいし、んもう、どちらを食べるか迷ったら両方ですね！

オンリーワン

Only one

最強の一強店

ここまでは、焼肉にはじまりステーキにハンバーグと続き、イタリアンやピッツアなど、さまざまなジャンルのオススメ店を食欲のままに紹介してきましたが、このコーナーはそれ以外のカテゴリーの、いわば一強店。愛してやまない土鍋ごはんやおにぎり、うどんやカレーなどのマイベストを10店舗まとめてラストにお届けします！

東京最古でミシュラン初のおにぎり専門店

認定 おにぎりの最強店！

おにぎり浅草宿六　浅草

2018年、世界で初めてミシュランガイドに掲載されたおにぎり店として話題になりましたね。2015年開催のミラノ万博で、私と三浦洋介店主はともに日本館ステージに「おにぎり大使」としてふたりで登壇し、世界におにぎりの素晴らしさをプレゼンした同志ですが、そんな関係を差し引いても、世界に誇る名店だと思います。

同店の創業は1954年で、東京最古のおにぎり専門店。寿司屋のようにショーケースに具材が並び、メニューは木札で掲げられています。食材のこだわりはもちろん、やはり特筆すべきはその握り方。軽く成形したあと、握るのはギュッギュッギュッと3回まで。これによって、米粒がつぶれず、ふわっとエアリーな食感を実現しているんです。

具は約20種類から選べますが、スジコやイクラがお気に入り。珍しいものだとアミなども。昼営業ではユニークな三浦洋介店主がカウンターに立っているので、ぜひ会話して、コメだけにコメニケーションしてみてください！

DATA

おにぎり浅草 宿六

東京都台東区浅草3-9-10

☎03-3874-1615　個室なし

㈺11:30 ～／18:00 ～
（ごはんがなくなり次第終了）

㊡昼：日曜、夜：火曜・水曜

うににく土鍋ご飯
（お任せコース内）
4000円～

ごはん炊き名人のエロティックな究極の土鍋ごはん

おこん　代々木上原

代々木上原の住宅街にたたずむ、隠れ家的な土鍋ごはんの専門店。店主の小柳津《おやいず》大介さんは全国からお米を取り寄せ、確かな目利きで吟味し、納得したものだけを使用。しかも、ごはんを炊く技術が素晴らしいので、〝日本一炊かれたい男〟と命名させてもらいました。

料理はコースのみで、まずはお通しで白米の土鍋ごはんが登場。それだけでも驚きますが、違う品種を食べ比べすることで、銘柄ごとにお米の個性があることが鮮明に分かります。その違いに気づくことで、さらにお米の美味しさが感じられるんですね。白米のあとは海山の多彩なおかずが次々と。

そしてラストは豪華な炊き込み系「うににく土鍋ご飯」のお出ましです。和牛ローストビーフにウニとイクラがのり、もうエロさ爆発ですが、実はお米も赤ワインで炊き上げ、バターを混ぜているという秘密テクニックが。

ごはんから肉に歩みよって相性を良くさせているのがおもしろいですね。まさにNice to meet youならぬ、RICE to MEAT youです！

DATA

おこん
東京都渋谷区西原2-48-2
☎03-3469-5004　個室あり
㊒月～金　18:00～23:30
（L.O.22:30）
土日祝　15:00～23:00
（L.O.22:00）
㊡火曜
※季節や日によって、メニューや内容が異なる場合があります。

認定
土鍋ごはんの最強店！

肉うどん 1600円

エッジの立った本格讃岐うどんで心に花が咲く!

讃岐のおうどん 花は咲く　新中野

讃岐うどんの命はコシだと言われますが、その極意を実感できるお店がこちらです。コシとは硬さのことではなく、びよよ~んと伸びる弾力感のこと。これが全面に表現されていて、しかも中央部に凹みがあることでエッジが立ち、そのくぼみにスープが入りこんで絡み合うという、理にかなった、自家製麺を提供しています。

イチオシは「極上の肉うどん」。A5ランクの仙台牛を甘めに味付け、大分のブランド卵「蘭王」とともにすき焼き風に味わえる、ぶっかけうどんです。つゆも絶品で、ダシはイリコを中心に5種をブレンド。この重層的なダシを肉の味付けにも使うことで一体感を高め、和牛の脂の甘味がしみ出たつゆを麺がすくい上げるわけです。

その他にも、カレーうどんも今まででトップクラスの完成度で、チーズを上にも中にもトッピングすると、さらに幸せ度が増します。中野から始まったこのお店も、今では支店が新宿や荻窪にもできるなど、そろそろ春を迎えて、満開の花が咲きそうです!

DATA

讃岐のおうどん 花は咲く
東京都中野区中央4-6-12
新中野マンション1F
☎03-6454-1546　個室なし
㊂11:00～15:00
17:00～21:00
(麺がなくなり次第終了)
㊡第3水曜

認定
うどんの最強店!

マハーカツカレー
1520円

スパイスフル♡

カツカレー界に革命を起こした華麗なるひと皿

般°若 下北沢

（パンニャ）

ここはカツカレー界の革命児と言える一軒です。カツの存在感はもちろんのこと、このひと皿の中に込められた、カレーという料理の魅力や可能性にも驚かされます。

必食の「マハーカツカレー」は、ビジュアルインパクトがバツグンなカツが、ドカンと鎮座。真っ黒なのは大阪のとんかつ名店『涿《たく》屋』から特別なルートで仕入れられたイカスミ入りパン粉を衣に使っているから。筋切りしたやわらかな豚肉が、カリッと香ばしい衣と、カレーの上で手を取り合います。

そんなカレーのほうは、みじん切りした玉ネギを、アメ色になるまでじっくり炒めているのがポイント。それはまるで、オニオングラタンスープにスパイスを掛け合わせたかのような華やかさです！　このふたつが折り重なったとき、硬めに炊いたターメリックライスが受け皿となって、両者を優しく受け止めます。香りの中に甘味やうまみが凝縮し、鮮烈な余韻さえもが美味しく感じてしまいます。カレー好きはもちろん、カツ好きにも食べてもらいたいですね♡

DATA

般°若

東京都世田谷区北沢2-33-6
スズキビル1F
☎03-3485-4548　個室なし
㊎11:30～16:00（L.O.15:30）
17:30～22:00（L.O.21:30）
※売り切れの場合、
閉店時間が早まる可能性あり
㊡水曜

認定
カレーの最強店！

ジンギスカン
（スタートメニュー）
1人前 963円

高品質な羊肉！ジンギスカンを激安食べ放題で

ゆきだるま　中野部屋一門　中野

ジンギスカンで愛してやまないのは『ゆきだるま』。元幕内力士の方が営み、中野や両国など全5店舗を構えるお店です。好きな理由は、良質なラム肉を破格で食べられるから！　食べ放題や飲み放題もあり、お財布を気にせず、胃袋の限界まで楽しめます。

　こちらの羊肉は、無農薬・無殺虫剤の飼料で育った、国内輸入量1％の希少なアイスランド産ラム肉を使用。羊ならではの肉々しさがありながらも臭みは一切なく、やわらかくて食べやすさバツグン。また、良質な脂を吸ったモヤシが肉の良き相棒となるので、いくらでも食べられるんです。そしてシメのイチオシが、食べ方に特徴があるつけ麺。なんと、羊の肉汁がしみ出たタレをほうじ茶で割り、それをつけ汁にして麺をするんです。北海道ラーメン店御用達の「西山製麺」から直送した麺が、しなやかに育てあげた肉汁スープをまとってくれます。

　ちなみに羊肉は、脂肪燃焼効果がある「L-カルニチン」が豊富。なので痩せちゃわないよう、食べ放題で量をキープ願います！

認定
ジンギスカンの最強店！

DATA

ゆきだるま
中野部屋（本店）
東京都中野区中野3-33-20
中野五差路ビル2F
☎03-3380-8321　個室なし
㊫17:00 ～ 24:00
㊡なし

ニクラシイ？ ワンプレートディッシュ
（大人のお子様ランチ）
1000円～2200円（税込）

SHUNGOURMAND 八丁堀

（シュングルマン）

昼からお祭り！牛×豚×鶏のパワフル肉合戦

認定 肉定食の最強店！

かつて京橋にあった肉ビストロ『東京バルバリ』。ここでシェフを務めた小池俊一郎さんが、パリで充電後に開業したのが『シュングルマン』です。肉や魚や野菜、どの料理もハイレベルなのですが、お昼限定の「大人のお子様ランチ」が至高のワンプレートなんです。

熟成短角牛入りハンバーグ、自家製サルシッチャ、もち豚ロースの塊焼き、国産鶏モモのフリットという、牛×豚×鶏の肉合戦。ハンバーグはジューシーかつ短角牛の肉々しさもあり、サルシッチャはフェンネルを効かせるなど、どれも手が込んでいます。また、鶏にはネパール産有機スパイスのカレーソースをかけており、ちゃんとごはんとの相性も考えられています。人気製麺所『菅野製麺所』の極太麺を使ったナポリタンも添えられ、昼から食欲は全開！

サイズが4種あり、Sでも十分なボリューム。Lにはヅケ仕立ての短角牛がプラスされます。

ランチもさることながら、夜のメニューも素晴らしく、肉合戦は盛り上がるいっぽうです！

DATA

SHUNGOURMAND
東京都中央区新川2-3-7
浪商ビル1F
☎03-6222-8464　個室あり
㊑ランチ　火～土 11:45～14:00
(L.O.13:30)
ディナー　月～金 18:00～23:00
(L.O.21:30)
土曜 18:00～23:00 (L.O.21:00)
㊡日曜・祝日

牛霜降りカルビのねぎ塩チャーハン 900円

米と肉の強弱を存分に楽しめる創作チャーハン

認定 チャーハンの最強店!

雁川 （がんせん） 秋葉原

中華は大衆から高級まで幅広いジャンル。リッチなお店で味わうチャーハンも良いですが、カジュアル系なら、秋葉原の『雁川』が推しメシです。週替わりメニューなどアイデアとカロリーあふれる創作チャーハンがウリで、「黒毛和牛の牛すじチャーハン」が特に人気の一皿です。

パラパラしすぎず、しっとり感もあるお米は、口の中でほろりとほぐれる優しい味。その上に、牛スジのあんと温泉玉子がのります。ふわっとしてライトなチャーハンと、とろっとして甘じょっぱい牛スジ肉の見事なコントラスト。そこに濃厚な温玉がとろ～んと絡み合う味わいは、デブリシャス！

計画的に攻めるなら、週替わりの「牛霜降りカルビのねぎ塩チャーハン」という傑作もぜひ。こちらは、ネギ塩で炒められた霜降り肉がドカンとのるチャーハン。パワフルな味と食べ応えで、それでいてバランスも感じられます。B級グルメの宝庫である秋葉原の中でも、個性派チャーハンで異彩を放つ名店だと言えますね。

DATA

雁川
東京都千代田区外神田
3-10-10 白銀会館B1F
☎03-3255-2388 個室なし
㊒火～金 11:00～16:00／17:00～22:30
土日祝 11:00～22:00
㊡月曜

ナポリタン
AZUMIスタイル
1180円

ナポリタンほか全料理が異次元のストロング喫茶

認定 ナポリタンの最強店!

COFFEE SHOP アザミ　中野

創業1959年。中野が誇る最強の老舗喫茶店です。料理のクオリティーが一般的な喫茶店をはるかに凌駕《りょうが》。有機野菜や、産地を厳選した肉や魚など、素材にこだわる料理を完成させるいっぽう、お酒は提供せず、セットでコーヒーが付くのは喫茶店の矜持《きょうじ》でしょう。

そんな同店にマイベストオブナポリタンがあります。トマトの甘味と酸味が中細麺とひとつになり、驚くほどの爽やかさ。シャキシャキの玉ネギやピーマン、うまみを加えるベーコンとのバランスも含め、完成度がピカイチです。また、巻きながら盛りつけた山のような形が美しく、山頂には糸唐辛子を盛りつけ、仕上げには削った固形チーズなど、細やかな技が随所に散りばめられています。

他にも、上品なチーズと濃厚なクリームが相まったカルボナーラ、ソースが絶品のハンバーグ、卵黄・イクラ・ウニ・キャビア・カラスミを使った最強ならぬ最狂のTKGなど、どれも異次元。この手間だけに待ち時間は必要ですが、それを利用して胃袋の準備運動を始めておきましょう！

DATA

COFFEE SHOPアザミ
東京都中野区中野3-33-9
中野駅南口ビル1F
☎03-3381-4763　個室なし
㊡11:00～23:00
㊡日曜
（年末年始・夏期休業あり）
※写真の盛り付けは、店主が居る場合のみ提供

すじこの握り 340円

北海道から上陸! 最強回転寿司を東京でも味わえる

認定 回転寿司の最強店!

回転寿司 根室花まる 銀座

東京にはさまざまな回転寿司がありますが、ここはマイベスト! 北海道発の人気店で、丸の内と銀座に展開しています。魅力はなんといっても北海道から直送した、鮮度バツグンのネタです。

マストなのはスジコ! 実は海産物ではウニやイクラよりも、スジコLOVEのDEBUなので、日本スジコ党なんです。しかも同店では味が濃くて希少な紅鮭のスジコを使い、軍艦ではなく握りで提供。これを惜しげもなくたっぷりと、酢飯の上からはみデブる勢いで、オンザライス! 頬張ると口いっぱいにプチっと弾け、醤油漬けされた甘味と、スジコならではの香り高い塩気が、米のひと粒ひと粒をギュッと抱きしめます。

他にも、肉厚のホッキ貝や、タラバガニのふんどしを贅沢に使った握りなど、北海の恵みが満載。行列必至ですが、15時前後は並ばずに入れることが多いです。また、銀座店の地下には立ち食い店もあり、そこでサクッと太るのも粋な楽しみ方ですね!

DATA

回転寿司 根室花まる 銀座店

東京都中央区銀座5-2-1
東急プラザ銀座 10F
☎03-6264-5735(予約不可)
個室なし
㊋11:00～23:00(L.O.22:00)
㊡不定休
(東急プラザ銀座に準ずる)

明太白玉ミルフィーユ（バースデーアレンジ）1350円

大阪お好み焼き ともくん家

赤坂

ふわっふわのお好み焼きと安定の神接客！

新橋に本店があり、2018年秋に赤坂店をオープンした、カジュアルな大阪お好み焼きのお店。空気をたっぷり含んだ生地はふわっふわの食感で、昆布、カツオ節、鶏ガラのダシも効いています。

お気に入りは「明太白玉ミルフィーユ玉」。生地と明太子ソースをミルフィーユのように重ね合わせ、さらに白玉を入れちゃう遊び心。これがムチっとしていながらも、とろける絶妙な食感なんです。しかも記念日には、お願いすればハート型に焼いてくれて、天才的な腕前でマヨアートを施してくれます。そして実は、このマヨ職人こそが赤坂見附店の店長、通称・れおぽんと呼ばれるハタチの女性。もう末恐ろしいほどの神接客で、誰もが気分良く飲めてしまうほど、楽しい会話で盛り上げてくれます。いっぽう新橋店の店長ゆみさんも、負けじと神接客で、こちらは姉御的な存在です。やっぱり良いお店というのは、たんにお腹を満たすだけではなく、その時間を楽しく過ごさせてくれる、まさにエンターテインメントと言えますね！

認定
お好み焼きの最強店！

DATA

大阪お好み焼き ともくん家
赤坂見附店

東京都港区赤坂3-16-5
SKR AKASAKA 3F
☎03-6435-5548　個室なし
㈾月～金　17:00～24:00
※土曜は要確認
㊡日曜・祝日（営業時間外・定休日の貸切応相談）

一強店こぼれ話

今回、あえて「江戸前寿司」は取り上げませんでした。寿司は日本料理の筆頭で、好きな方も多いですよね。ただ、載せなかった理由は、どうしても高級になりがちで、予約も取りにくく、なかなか選びにくかったのが本音です。ですが、そんな寿司界にも予約が取りやすい穴場店があります。それは西麻布『鮨海心《すしかいしん》』と白金高輪『鮨長島』。どちらも卓越した伝統技術を持ちながら、遊び心にも富んでいる名店です。ちなみに、自分が2018年に投稿したインスタグラムで一番反響が大きかったのが『鮨海心』で、2万以上の「いいね」をいただきました。ウニやイクラなどの魚卵が多い寿司に加え、赤い断面の肉料理や、トロットロのチーズ料理も「いいね」がつきやすいですね。チーズなら、恵比寿の『チーズタバーン・カシーナ』がオススメで、温かみのある雰囲気が良く、それでいてコスパも良く、多種多様なチーズ料理をカジュアルに楽しめます。同じく恵比寿にある『スブリデオ レストラーレ』のほうは、より本格的なチーズ料理で、ワインと相性バツグンなので、泥酔必至ですね。もう他にも挙げきれないほど、良いお店はまだまだたくさんあるので、ぜひ今後も一緒に開拓しましょう！

おわりに

最後までお付き合いいただき、ありがとうございます！
見ているだけで胃もたれしちゃったかもしれませんが、
どれもすべて自信を持ってオススメできるお店ばかりなので、
ぜひ日々の食べ歩きの参考にしてもらえたら嬉しいです。

もちろん、今回掲載できなかった素晴らしいお店も多々あります。
本来はどっちが良い悪いではなく、自分に合ったお店を見つけて、
人それぞれが自分なりの楽しみ方をするのが正しいのかと思います。
だからこそ、皆さんが笑顔になれるステキなお店と出合えるよう、
ＤＥＢＵは今後も胃袋をフル稼働させながら、全肉投球します！
それが、自分のライフワークならぬ、ライスワークです。

それではまた、ブログやインスタ、
ＴｉｋＴｏｋなどでお会いしましょう。
デブ ア ナイスデイ～♬

デブリシャスMAP

ご案内

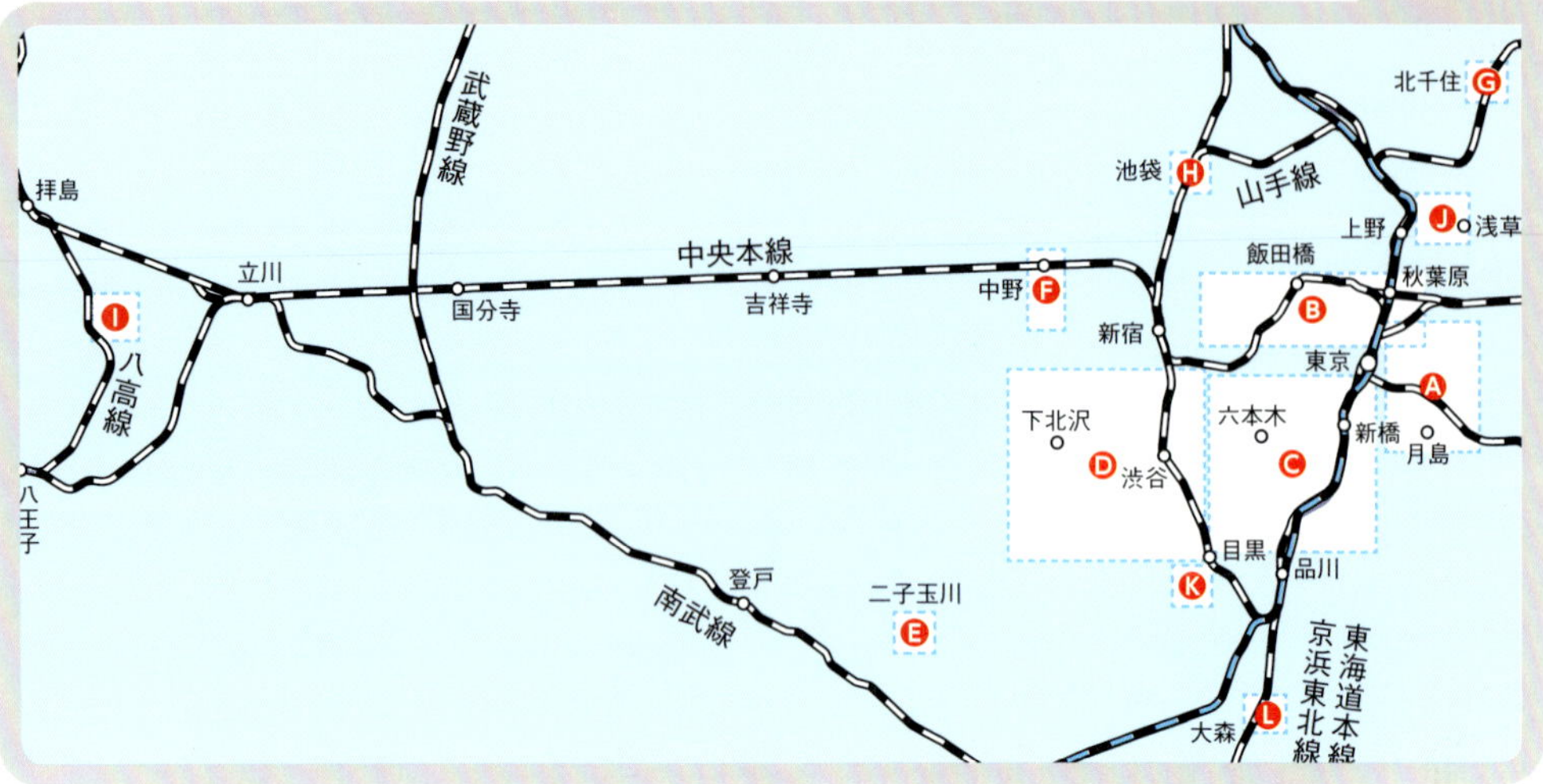

A 中央区&江東区　B 千代田区　C 港区　D 渋谷区&目黒区&世田谷区

E 二子玉川　F 中野区　G 北千住　H 池袋

I 八王子市　J 台東区　K 不動前　L 大森

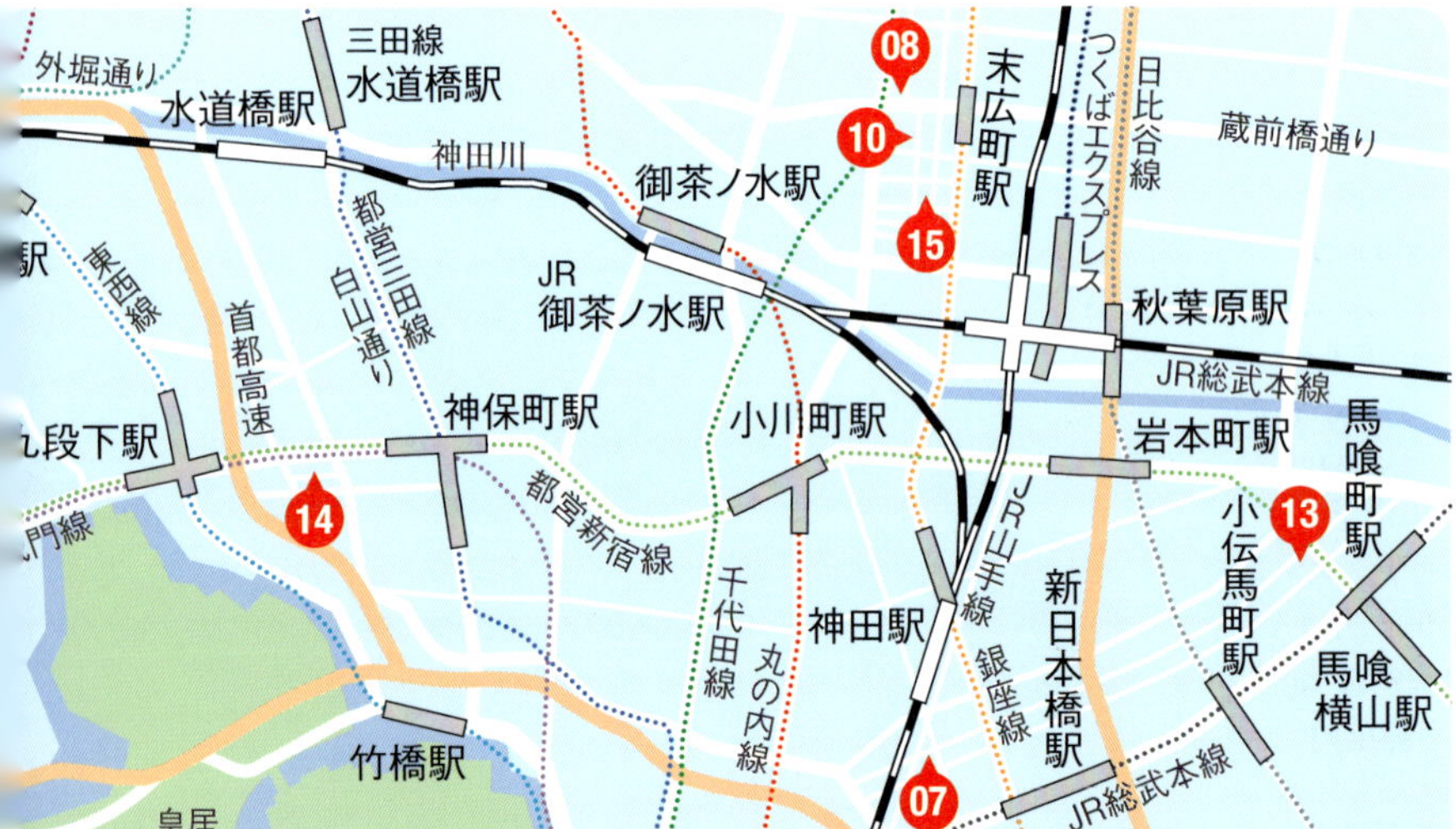

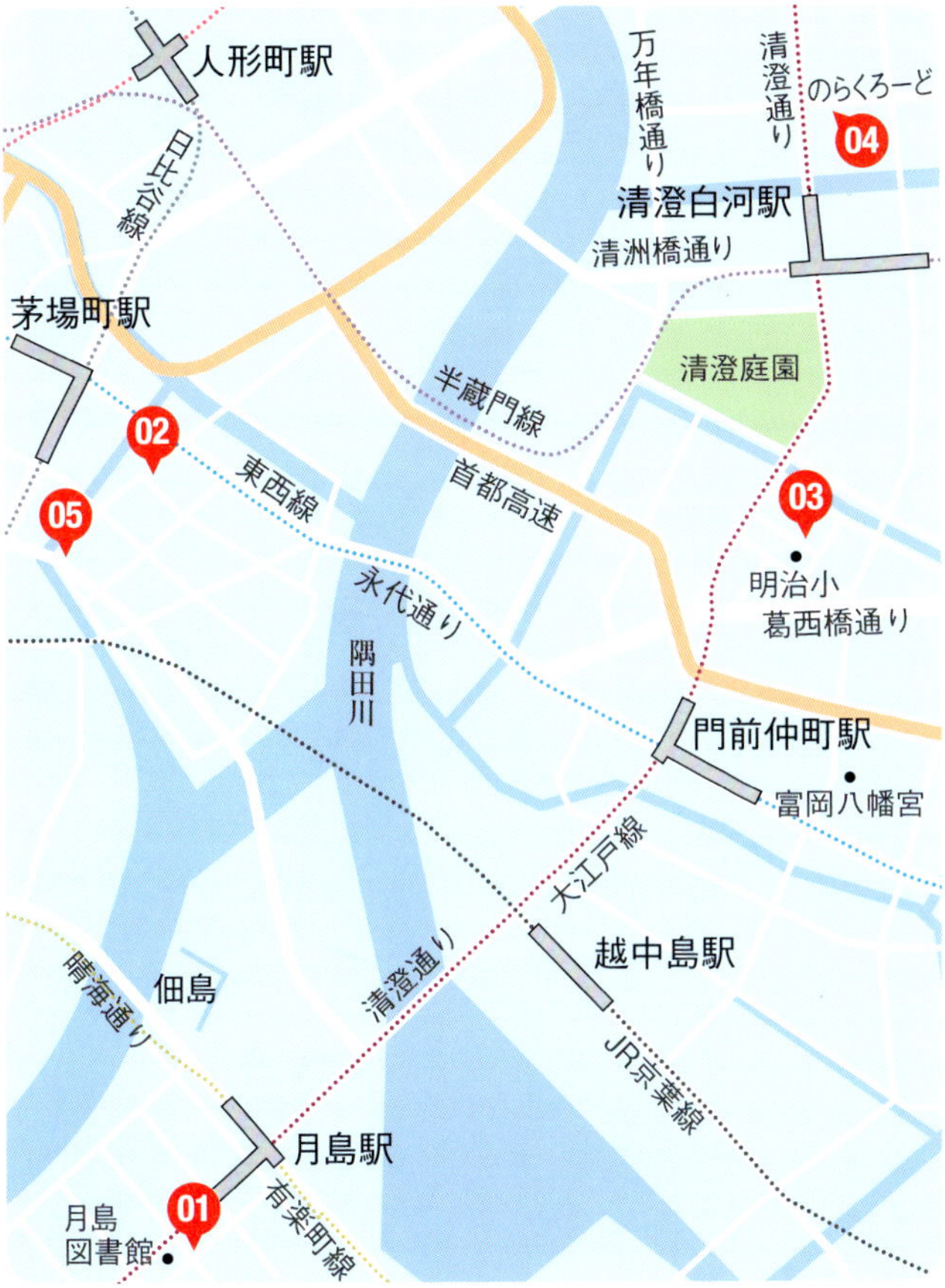

A 中央区&江東区

- 01 焼肉 在市 月島店…P.27
- 02 ハンバーグ にっぽんの洋食 新川 津々井…P.50
- 03 イタリアン たまキャアノ …P.132
- 04 ピッツァ BELLA NAPOLI …P.136
- 05 一強店 肉定食 SHUNGOURMAND …P.145

B 千代田区

- 06 焼肉 炭火焼肉なかはら…P.20
- 07 焼肉 焼肉ウルフ 東京神田店…P.29
- 08 ハンバーグ ハンバーグレストラン Gyu-sha…P.44
- 09 ハンバーグ らいむらいと…P.46
- 10 ハンバーガー HENRY'S BURGER Akihabara…P.54
- 11 居酒屋 月肴…P.90
- 12 中華 jiubar…P.102
- 13 餃子 中華料理 帆…P.108
- 14 ラーメン 神保町 黒須…P.117
- 15 一強店 チャーハン 中華料理 雁川…P.146

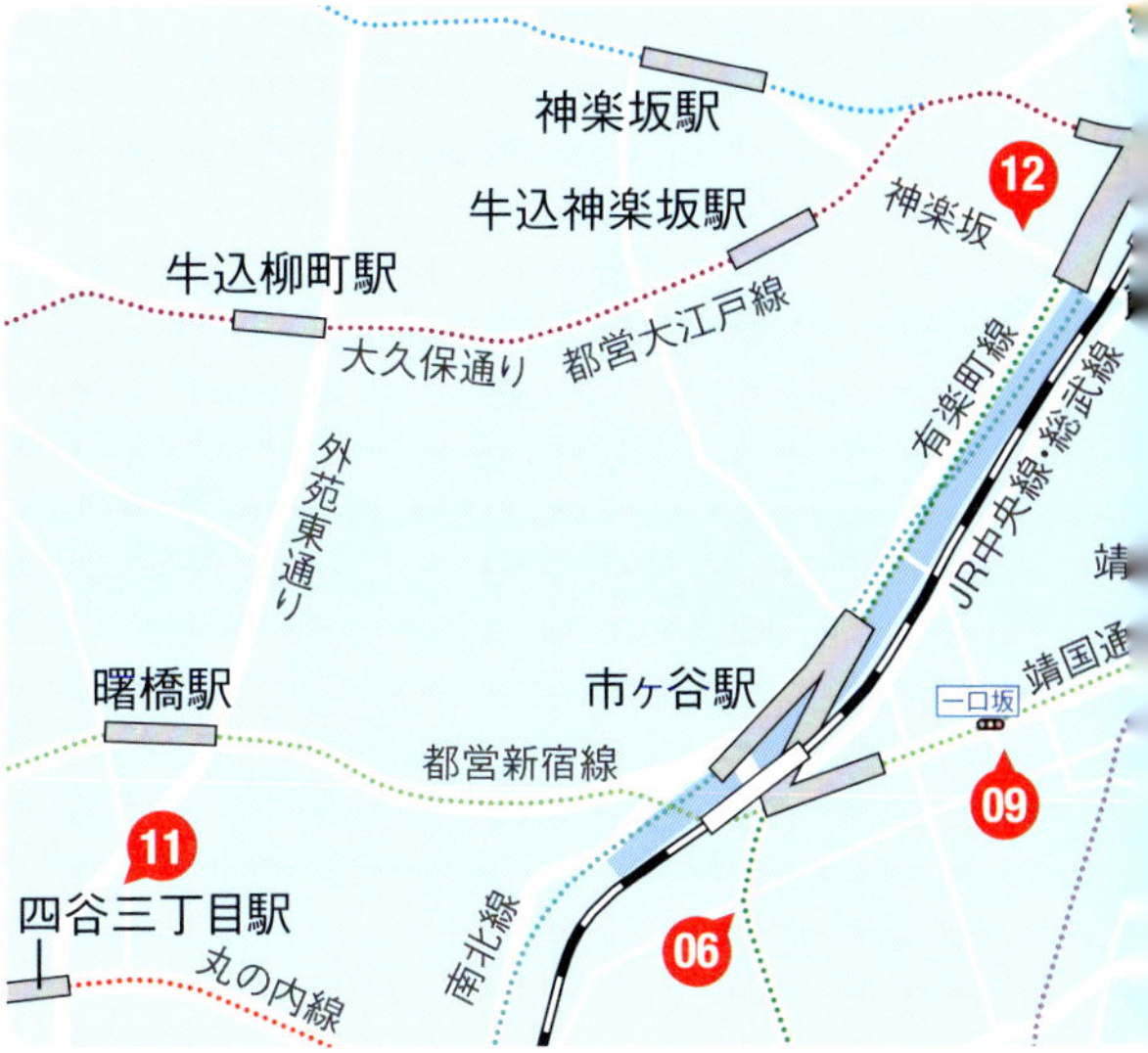

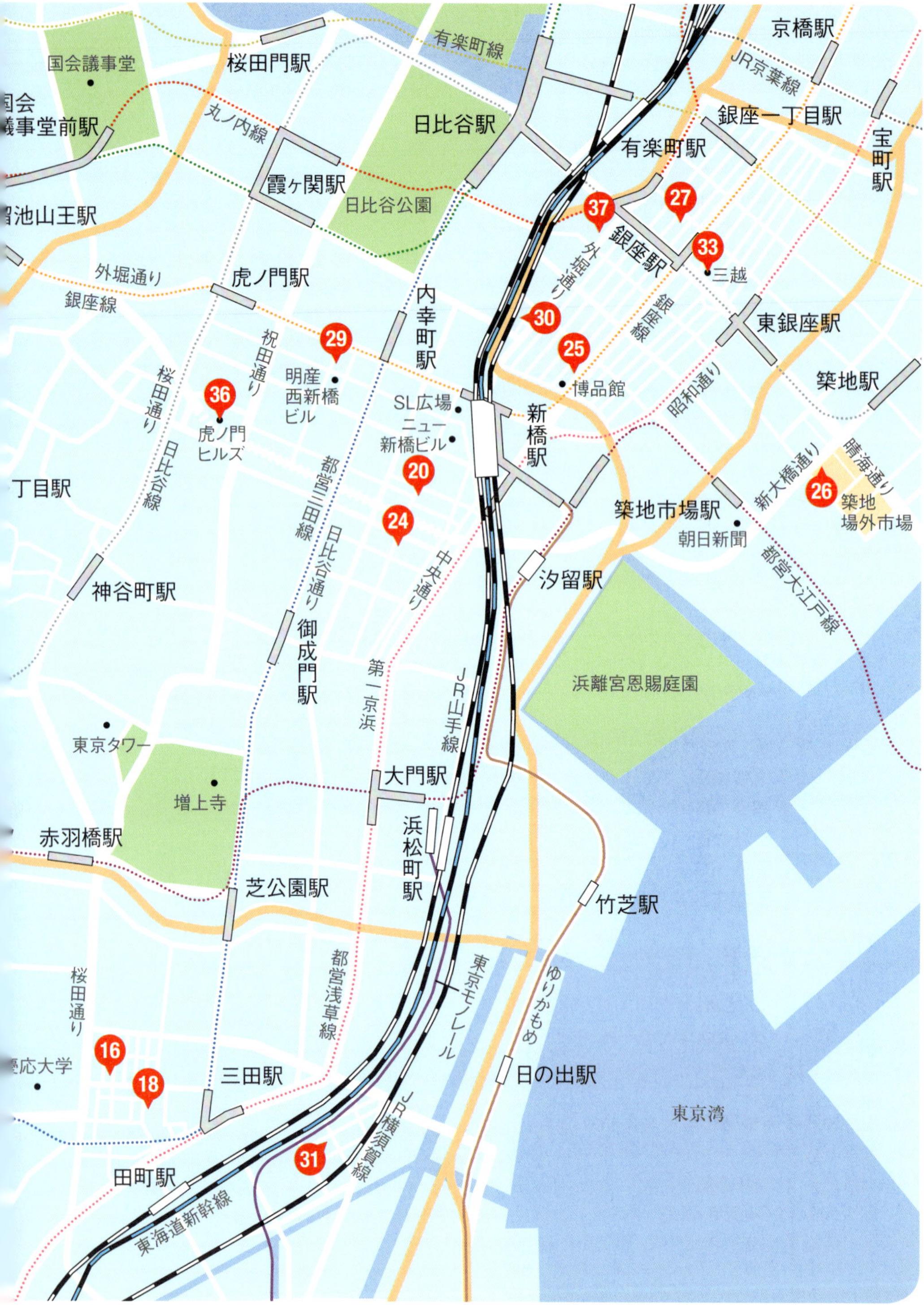
国会議事堂
国会
議事堂前駅
桜田門駅
有楽町線
日比谷駅
京橋駅
JR京葉線
銀座一丁目駅
宝町駅
丸ノ内線
有楽町駅
霞ケ関駅
日比谷公園
溜池山王駅
銀座駅
外堀通り
三越
外堀通り
虎ノ門駅
銀座線
内幸町駅
銀座線
東銀座駅
祝田通り
明産西新橋ビル
博品館
築地駅
桜田通り
虎ノ門ヒルズ
SL広場
ニュー新橋ビル
新橋駅
昭和通り
晴海通り
新大橋通り
築地場外市場
日比谷線
都営三田線
日比谷通り
中央通り
築地市場駅
朝日新聞
丁目駅
汐留駅
都営大江戸線
神谷町駅
御成門駅
第一京浜
JR山手線
浜離宮恩賜庭園
東京タワー
増上寺
大門駅
浜松町駅
赤羽橋駅
芝公園駅
竹芝駅
桜田通り
都営浅草線
東京モノレール
ゆりかもめ
慶応大学
三田駅
日の出駅
東京湾
JR横須賀線
田町駅
東海道新幹線

C 港区

16 焼肉 赤身にくがとう33895 田町・三田店…P.18
17 焼肉 焼肉の名門 天壇 赤坂店…P.22
18 焼肉 ホルモンまさる…P.31
19 ステーキ カルネヤサノマンズ …P.36
20 ステーキ FOOD/DAYS …P.38
21 ステーキ ステーキてっぺい×六本木Buff…P.40
22 ハンバーグ 笄軒…P.48
23 ハンバーガー ゴリゴリバーガー TAP ROOM …P.55
24 とんかつ むさしや…P.58
25 とんかつ とんかつ檍 銀座店 …P.59
26 丼 ホルモン煮込み きつねや …P.62
27 丼 親子丼専門店 ◯勝 …P.63
28 串 牛泥棒…P.68
29 串 故郷味 新橋店…P.70
30 串 銀座 串かつ凡…P.72
31 鍋 水炊き 鼓次郎…P.82
32 居酒屋 魚輝…P.86
33 中華 飄香 銀座三越店 …P.96
34 ラーメン 楽観 NISHIAZABU GOLD…P.116
35 ラーメン ふるめん…P.119
36 イタリアン ARBOL虎ノ門 …P.130
37 一強店 回転すし 回転寿司根室花まる 銀座店 …P.148
38 一強店 お好み焼き 大阪お好み焼きともくん家 赤坂見附店…P.149

明治神宮
代々木公園
代々木八幡駅
代々木公園駅
千代田線
原宿駅
明治
神宮前駅
副都心線
外苑西通り
都営大江戸線
青山一丁目駅
外苑前駅
青山霊園
49
41
ノ頭通り
代々木国立競技場
井ノ頭通り
NHK
放送センター
40
44
表参道
表参道駅
半蔵門線
銀座線
青山通り
東京大学
東急本店
SHIBUYA109
六本木通り
首都高速
19
22
神泉駅
渋谷駅
大前駅
42
明治通り
JR山手線
旧山手通り
外苑西通り
広尾駅
45
橋駅
39
山手通り
代官山駅
日比谷線
52
46
恵比寿駅
北里通り
中目黒駅
47
48
恵比寿
ガーデン
プレイス
東急東横線
目黒区役所
首都高速
国立科学博物館
附属自然教育園
祐天寺駅
43
駒沢通り
南北線
都営三田線
目黒駅

D 渋谷区&目黒区&世田谷区

- 39 焼肉 焼肉かねこ…P.12
- 40 焼肉 ホルモン千葉 東京渋谷店…P.16
- 41 焼肉 門崎熟成肉 格之進Rt…P.23
- 42 焼肉 神泉ホルモン 三百屋…P.25
- 43 焼肉 三宿トラジ…P.26
- 44 焼肉 焼肉ZENIBA…P.28
- 45 焼肉 beef by KOH…P.30
- 46 ステーキ Steak Dining Vitis …P.34
- 47 鍋 なべ肉や なべ彦…P.78
- 48 鍋 とりなご 恵比寿店 …P.80
- 49 中華 鉄板中華 青山シャンウェイ …P.100
- 50 餃子 GYOZA SHACK …P.110
- 51 イタリアン Pepe Rosso…P.126
- 52 イタリアン CarneSio east…P.128
- 53 ピッツァ NAPOLI STA' CA' 駒沢店 …P.137
- 54 一強店 土鍋ごはん おこん…P.141
- 55 一強店 カレー 般°若…P.143

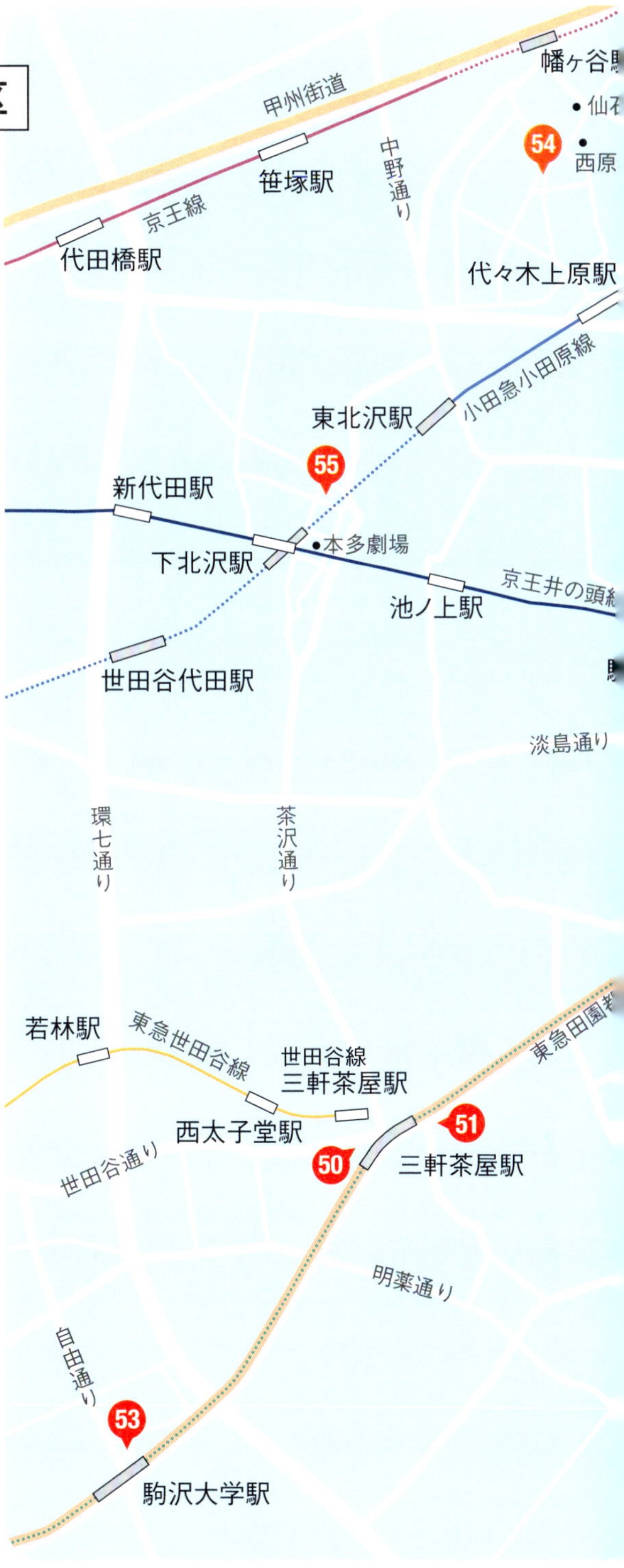

E 二子玉川

- 56 串 酉たか…P.66

F 中野区

57 居酒屋
スパイス&ハーブ居酒屋
やるき…P.92

58 一強店 うどん
讃岐のおうどん 花は咲く…P.142

59 一強店 ジンギスカン
ゆきだるま 中野部屋一門…P.144

60 一強店 ナポリタン
COFFEE SHOP アザミ…P.147

G 北千住

61 ラーメン
みそ味専門
マタドール…P.118

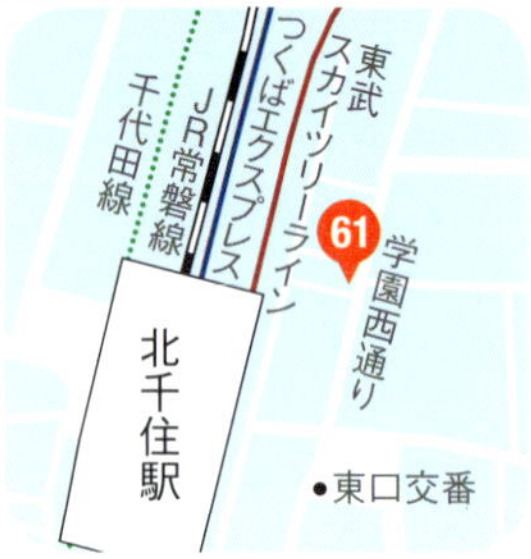

H 池袋

62 餃子
開楽本店…P.106

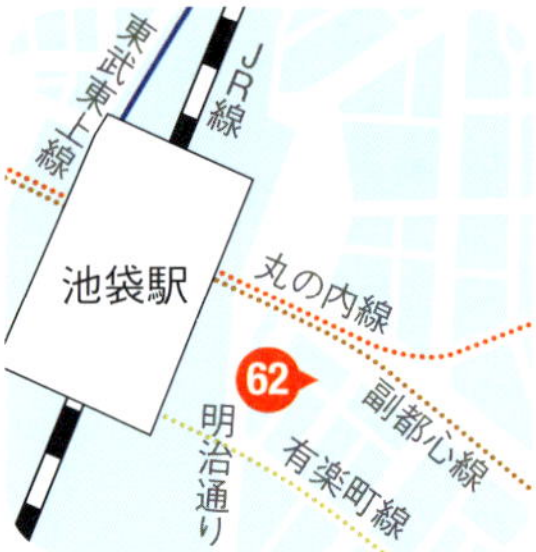

I 八王子市

63 焼肉
大幸園
小宮本店…P.14

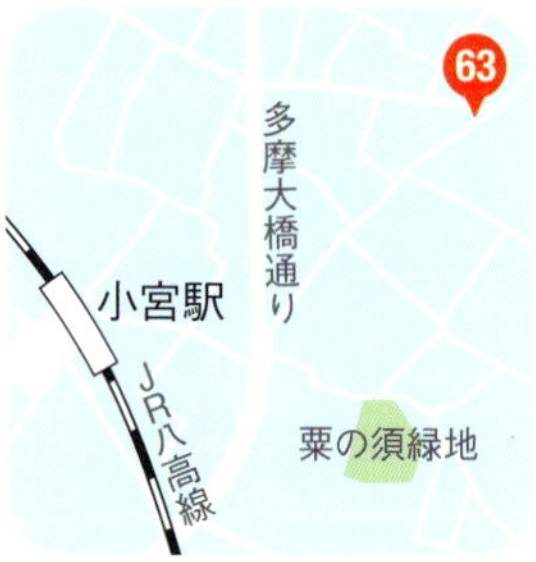

J 台東区

64 焼肉 鳶牛 肉衛門…P.21
65 鍋 牧野…P.76
66 中華 龍園…P.98
67 一強店 おにぎり 浅草 宿六…P.140

L 大森

69 居酒屋 じんぺい…P.88

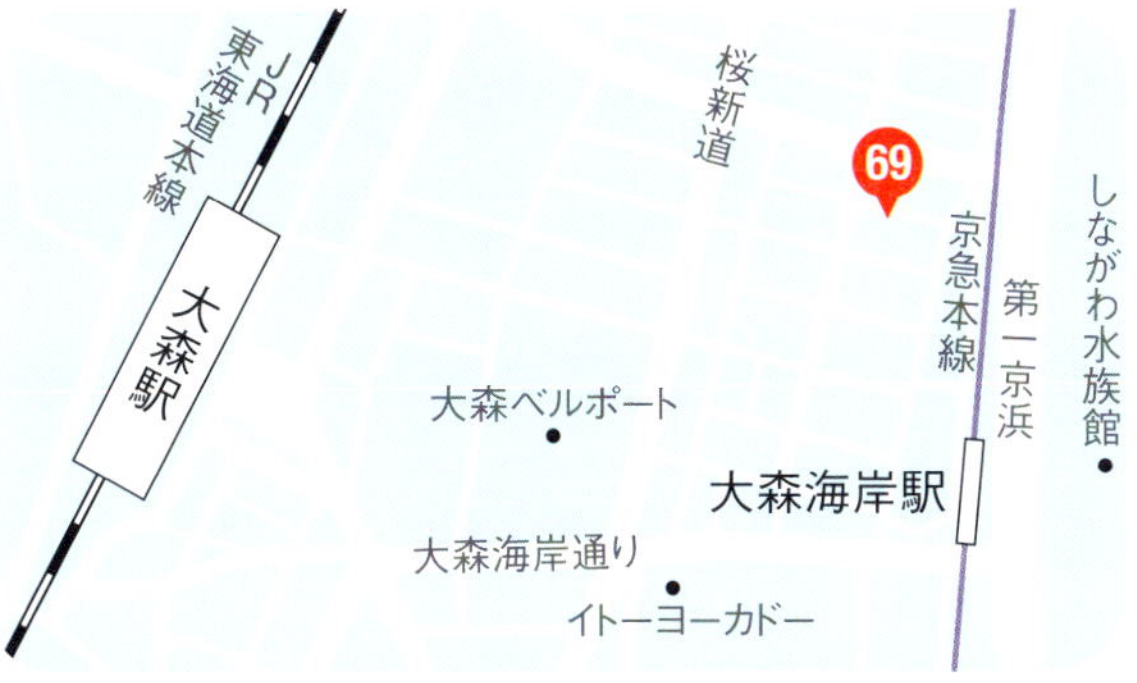

K 不動前

68 焼肉 焼肉しみず…P.24

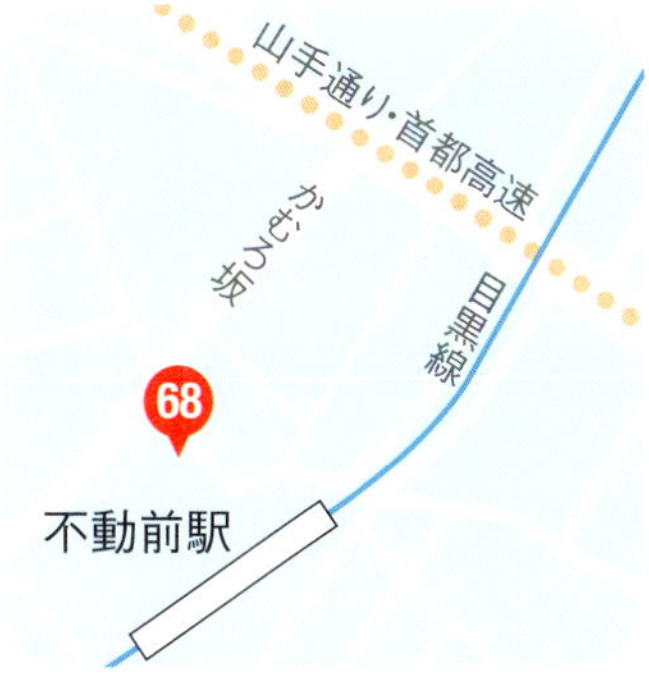

フォーリンデブはっしー

お肉博士とお米ソムリエの資格を持ち、肉を中心にごはんのオカズを求めて全国を食べ歩く、グルメエンターテイナー。月間200万アクセスを記録するグルメブログと、フォロワー17万人超えのインスタグラムは、外食部門では日本最大級の読者数を誇る。農水省の国産食材アンバサダー、サッカーJリーグの親膳大使、肉フェスの応援団長にも就任。JAL機内誌「SKYWARD」などで連載中。決めゼリフは、デブリシャス！
SNSのアカウント **@fallindebu**

厳選70軒
最強のデブリシャス
年間1000軒を食べ歩いて見つけた本当の名店

2019年3月10日　初版発行

著者　**フォーリンデブはっしー**

発行者　横内正昭

編集人　青柳有紀

発行所　株式会社ワニブックス
〒150-8482
東京都渋谷区恵比寿4-4-9　えびす大黒ビル
電話　03-5449-2711（代表）
03-5449-2716（編集部）
ワニブックスHP　https://www.wani.co.jp/
WANI BOOKOUT　http://www.wanibookout.com/

装丁・デザイン・DTP　ohmae-d
構成　中山秀明
取材　菅野徹
撮影　巣山サトル
地図製作　株式会社ウエイド
校正　東京出版サービスセンター
編集　小島一平　金城琉南（ワニブックス）
印刷所　大日本印刷株式会社
製本所　ナショナル製本

ISBN 978-4-8470-9773-7